AF390128

Ernst Weiß

Gesammelte Literaturkritiken: Franz Kafka, die Tragödie eines Lebens + Thomas Mann, der Zauberberg + Giacomo Casanova + Ernest Hemingway + Rousseau + Cervantes zu Ehren + Kleist als Erzähler und mehr

e-artnow 2018

Mark Twain, Nathaniel Hawthorne
Amerikanische Kurzgeschichten - Die Besten Erzählungen von Poe, Mark Twain, Herman Melville, O. Henry, Washington Irving und anderen

Franz Kugler
Friedrich der Große

Fjodor Michailowitsch Dostojewski
Der Idiot

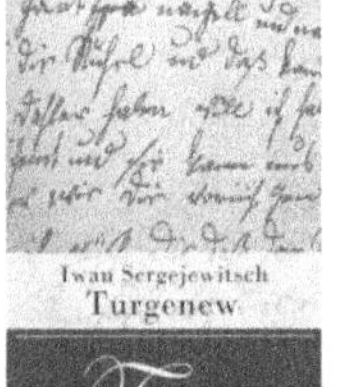

Iwan Sergejewitsch Turgenew
Faust

Harry Graf Kessler
Tagebücher 1918-1937

Ernst Weiß
Boëtius von Orlamünde: Der Aristokrat

Franziska Gräfin zu Reventlow
Gedankenwelt von Franziska Gräfin zu Reventlow: Essays, Briefe, Autobiografischer Roman

Jonathan Swift
Irland

Ernst Weiß
Ernst Weiß: Autobiographische Werke (Notizen über mich selbst + Reportage und Dichtung + Briefe + Anmerkung zum dramatischen Schaffen und mehr)

Ernst Weiß
Ich - der Augenzeuge

Ernst Weiß

Gesammelte Literaturkritiken: Franz Kafka, die Tragödie eines Lebens + Thomas Mann, der Zauberberg + Giacomo Casanova + Ernest Hemingway + Rousseau + Cervantes zu Ehren + Kleist als Erzähler und mehr

Raymond Radiguet, das Fest und der Teufel im Leib + Georges Duhamel, zwei Freunde + Alphonse de Chateaubriant, Schwarzes Land + Jack London, König Alkohol + Klaus Mann, der fromme Tanz und mehr

e-artnow, 2018
Kontakt: info@e-artnow.org
ISBN 978-80-273-1823-0

Inhaltsverzeichnis

Gerhart Hauptmann, die Insel der großen Mutter

Der Beginn des neuen Romanes von Gerhart Hauptmann ist prachtvoll: »Dem Ufer einer herrlich und verlassen prangenden, von Gebirgen überhöhten Insel im südlichen Weltmeer näherten sich eines Tages mehrere Boote, als die Sonne gerade im Mittag brütete.« Solch eines Einleitungssatzes brauchte sich Kleist nicht zu schämen, und die folgende Exposition scheint den hochgespannten Erwartungen recht zu geben. Es sind schiffbrüchige Frauen, die sich, lachend und wehklagend zugleich, in den Booten auf die verlassene Insel flüchten, die ihnen von jetzt an Heimat, Bodenkrume, Arbeitsfeld, Totenacker, Schauplatz aller Leiden, Freuden, Pläne, Hoffnungen und Leidenschaften werden soll. Sie werden, so glaubt man, jetzt wie Robinson Crusoe die Zivilisation, die Gesittung, die menschliche Gesellschaft aus dem Urkern wieder aufbauen; die reinsten menschlichen Beziehungen werden sich in der balsamischen, regenfreien, klaren Luft der einsamen Insel wie in Goethes »Wahlverwandtschaften« in völliger Reinheit, Unbefangenheit und daher mit letzter Tragik entwickeln. Nun müßte das Menschengeschlecht mit ihnen aussterben, falls nicht eine unter ihnen wäre, die guter Hoffnung ist. Doch dies trifft nicht zu. Aber es ist ein zwölfjähriger schöner Knabe, namens Phaon, mit gerettet worden, von dem nun die Erhaltung dieses von dem übrigen Menschengeschlecht abgeschnittenen Zweiges abhängt. Zweihundert Frauen und nur ein Mann. Zweihundert vollblütige Menschen im sinnlichen Überfluß, denn diese schiffbrüchigen Weiber haben alles Nötige und Überflüssige gerettet: Sie haben in ihren Kähnen nicht, nur Feuerzeug, Waffen, Kochgeschirr, sondern Pelze, Füllfedern, Papier, Taschentücher, Zigarren, Bordstühle und ein Büchelchen von Wilhelm Bölsche gerettet, worin der Schädel eines auf Java ausgegrabenen Menschenaffen abgebildet ist, damit man seine Ähnlichkeit mit dem ersten Menschen feststellen könne, der auf der Insel geboren wird. Alles haben diese guten Weiber gerettet, nur ihr Empfinden, ihre angeborenen, selbstverständlichen Instinkte haben sie bei dem Untergang ihres Schiffes verloren, oder der Dichter hat sie ihnen grausam genommen. So viel Frauen und kein Mann. Eine Komödie. So viel Frauen und kein Kind. Eine Tragödie. Keines von beiden erfüllt sich.

Alles Glück der Erde ist über dem Eiland ausgeschüttet. Was könnte fehlen, wenn Früchte im Überfluß, Bast, Matten, Kaffee, Nahrung aller Art, Geflügel und Wild, Zebukühe zum Reiten und alles andere ohne die geringste Arbeitsmühe vorhanden sind. Der unbeschreibliche Reiz, der von Robinson ausgeht, der alles improvisiert, alles entdeckt, alles mühsam pflanzt, erntet und sich erst im Papagei, dann im Eingeborenen »Freitag« eine Gesellschaft und Gemeinschaft aufbaut, scheint Hauptmann nicht verlockt zu haben. Die Frauen finden alles vor oder haben es mitgebracht, wie den Papagei, es beginnt ein Leben der Wohlzufriedenheit, um so mehr, als keine Frau, die Mutter Phaons ausgenommen, einem ihrer mit dem Schiff gesunkenen Angehörigen ernsthaft nachtrauert, indem sie von einem dieser Menschen erzählt. Selbst der wüste Abenteurer Robinson gedenkt der Seinen. Aber Hauptmann hat seltsamerweise auf alle Regungen der Menschlichkeit verzichtet. Es ist ein unorganischer Weiberhaufen, geschwätzig, seelisch dürr, gut gemästet, schön aufblühend und gut in Form, aber völlig leer.

Nun bleibt die Möglichkeit: um den schönen, halbreifen Knaben beginnen die Kämpfe der üppigen Witwen. Aber hier beginnt dem Dichter der Faden völlig zu entgleiten. Er weiß selbst nicht, wer Phaon ist: »Phaon stand nun im ersten Drittel des 15. Lebensjahres. Als Jüngling genommen, glich er noch vollkommen einem Knaben. Als Knabe genommen, erschien er bereits jünglingshaft. Phaon war schön, wie Rodberte richtig bemerkte.« Hier ist der ganze Roman. Ja-ja, nein nein. Phaons Mutter ist tot, die andern Weibsgesellen nennen sich Mutter und heilig! Sind das eine so wenig wie das andere. Sind überhaupt keine Frauen. Denn, wenn nun Phaon eine nach der anderen heimlich erobert und jede umschlingt, wenn er, um mit Ariadne zu reden, »wie ein Gott gegangen kommt«, wird es dann ein menschliches Herz verstehen, daß die durch diese Liebe beglückten Frauen dies Geheimnis des zeugenden Knaben streng im Busen verschließen, so daß nicht ein einziges Geständnis ihrer Amazonenbrust entfährt? Daß ferner diese Frauen einander den Knaben ohne die geringste Eifersucht gönnen? Daß sie, zum dritten, auf die männlichen Sprossen dieser Umarmungen verzichten und diese Knaben im Alter von fünf Jahren »satzungsgemäß« auf einen abgelegenen Teil der Insel verbannen und den jungen Vater dazu? Hier hört alle Vernunft auf, und das Einhorn tritt in seine Rechte. Das Einhorn wäre an sich keine üble Erscheinung. Denn wir wollen gerne glauben, wollen uns nur zu gerne bezaubern lassen gegen jede Vernunft. Aber glaubt der Dichter an dieses Einhorn, wenn er das arme Fabelwesen wörtlich mit einem Zitat aus dem »Nüchternen Herbert Spencer« motiviert. Ratlos und hilflos schwankt der Schöpfer dieser Gestalten zwischen Glauben und Schönheits- schilderung und einem ganz kraftlosen, altersmüden Spott, der um so betrübender dort wirkt, wo man die schärfste Lauge des Aristophanes herbeiwünscht. Was soll es, wenn bei der ersten Geburt eines neuen Bürgers auf der Insel sich eine Frau folgendermaßen ausläßt: »Und für sich könne sie es mit dem Einsatz ihres Lebens verbürgen, daß nämlich Babette (die junge Mutter) das reinste, makelloseste Geschöpf der Erde sei, über jeden Verdacht einer platten oder auch nur bewußten Buhlschaft hoch erhoben.« Dazu über jeder Seite des umfangreichen Buches ein, halb ernst, halb humoristisch gewähltes Schlagwort, wie es der gute Hartleben in seinen Novellen liebte, so über dieser Seite: »Das jungfräulichste Geschöpf«, über einer anderen: »Ein genialer Schimpanse?« oder »No, i kann a nix weiter sogn«, oder: »Halten Sie fest, ich bin nicht toll!«, oder »Sardanapal«, »Unter vier Augen«, »Kochtopf der Anachoreten« usw.

Hauptmann spitzt das nun außerordentlich verkünstelte Werk so zu, daß die verbannten Kna- ben mit Phaon sich gegen die Weiber auf dem andern Teil der Insel empören, gegen sie zu Felde ziehen und sie besiegen, wobei unter Brüdern und Schwestern neue Ehen geschlossen werden. Dem großen Problem, was der Mann Phaon erotisch für seine schönen Töchter empfindet, ist Hauptmann aus dem Weg gegangen, aber auch das hat er nicht folgerecht durchgeführt, er. berührt es immer wieder, löst es nie. Ungelöste Probleme sind vom Mythos weltenweit ent- fernt. Aus dem ungelösten, ja kaum von Hauptmann geistig erfaßten Problem der männerlosen Mutterschaft entwickelt sich in dem Buch alles eher als ein »Wunder«. Hier ist keine Spur von dem grandiosen Mythos der unbefleckten Empfängnis, des: den mystischen Marienkult und die Gotik geschaffen hat. Es bleibt bei Hauptmann nur ein schwacher, menschenfreundlich gutmü- tiger, geheimnisloser Witz. Am Ende des Romans sieht man Phaon mit seiner Tochter ratlos im Segelboot der Insel enteilen, nicht anders als im »Graf von Monte Christo« den Grafen mit seiner schönen Heydee.

Daß dem Dichter, dem unsere Verehrung treu bleibt, das Werk, an dem er seit vielen Jah- ren gearbeitet hat, bis zu einem solchen Maße von abseitiger, leerer, ja kindischer Darstellung mißlingen konnte, ist unbegreiflich, denn es stehen Schönheiten von besonderem Zauber in dem Buche, die ganze, nicht eigentlich tropische, sondern mehr südgriechische Atmosphäre, die unübertreffliche Beschreibung eines Wasserfalles oder der Terrassen am Meere mit den kochen- den, kristallklaren Bädern. Schön sind auch einige eingestreute Gedichte. Das Gedankliche, das oft ganz unvermittelt ausgesponnen wird, ist, mitten in dem Wust von unmöglichen Tatsachen und seelenlosen Schemen, an vielen Stellen ganz herrlich klar und zwingend. Eine kosmische Vision zum Schluß kann nur ein Dichter geschrieben haben, und der Abschied Phaons von sei- nen Geschöpfen könnte eine unvergeßliche, ja unsterbliche Szene der Weltliteratur sein, wenn der Dichter sie wirklich gestaltet hätte.

Thomas Mann, der Zauberberg

Die deutsche Nation ist um ein episches Meisterwerk reicher. Thomas Mann legt uns in seinem Buche »Der Zauberberg« eine Arbeit vor, das Ergebnis langjähriger Mühe offenbar, das man, ohne der Majestät Goethes nahezutreten, mit dem »Wilhelm Meister« in einem Atem nennen kann. Es ist, wenngleich das Thema das gleiche ist wie in Goethes Roman, kein zweiter »Wilhelm Meister«, aber, gemessen an der herrlichsten, sichersten Darstellungskunst, an dem reichsten geistigen Gehalte, wird das Buch Thomas Manns seinen Wert nicht allzuweit hinter Goethe stets behalten; nicht nur durch das, was es ist, sondern auch dadurch, was es uns bedeutet. In seinem kleinen Vorwort spricht der Dichter von seinem Helden, den er einen einfachen, wenn auch ansprechenden jungen Menschen nennt, er charakterisiert die Linie der Darstellung so: »Die Geschichte ist sehr lange her, sie ist sozusagen schon ganz mit historischem Edelrost überzogen und unbedingt in der Zeitform der tiefsten Vergangenheit vorzutragen«. Hier unterschätzt sich der Dichter. Sein »Zauberberg« ist und wirkt lebendiger als sonst ein literarisches Erzeugnis der letzten zehn Jahre, der »Zauberberg« ist aktuell im stärksten Maße, und damit wird ein Teil des Interesses, ja der Lesewut erklärt, die den Leser durch die zwei außerordentlich umfangreichen Bände dieses Buches treibt. Auch wenn, in Diskussionen .freilich mehr als in Erlebnissen, sich fast alle Probleme von 1914 bis 1923 in dem Werke aufrollen, Christentum, Heidentum, Judentum, Fleisch oder Geist, Rom oder Voltaire, Schauen oder Leben, Spiritismus und Nihilismus, Sozialismus oder Jesuitentum (in der feinsten Abstraktion), und vor allem Relativitätsproblem und Zeitbegriff, Schmerz, Leiden und Sterben, auch wenn diese in klarster Form vorgetragenen, ganz erleuchtet erfaßten Geisteskämpfe fehlten, auch dann würde das Buch zum Spiegel seiner Zeit und seines Volkes, fast wie Goethes »Wilhelm Meister«. Denn es ist der chaotische Bürger, um den es geht. Im wahrsten Sinne des Wortes geht es um ihn. Alles bewegt ihn, aber nichts bringt ihn aus der Ruhe. Er erlebt alles, und nichts ist ihm bestimmt: Und wenn der Mensch dieses Buches, Hans Castorp, zum Schlusse gewandelt ist, wissen wir nicht, ist er gesünder geworden oder nur schmerzgewohnter, ist er weiser geworden oder bloß älter. Ein junger Mann kommt auf den Zauberberg, die große Heilungs- und Sterbestätte der Lungenkranken, er hält sich für gesund, sein Besuch gilt einem lieben Vetter und Freund, der das militärische Element, das aristokratische vertritt, wie er, Hans Castorp das zivile, demokratische, edelbürgerliche.

Aber der Held erweist sich dem Zauberberg nicht gewachsen oder vielmehr nur zu sehr gewachsen, er ist krank wie alle anderen Gäste des Bergsanatoriums, er findet den Weg nicht zurück. Oder er findet den Weg nur in den Untergang, in den Weltkrieg, der flüchtig visionär den Abschluß des Buches, aber nicht den Abschluß der Lebensexistenz bildet. Hans Castorp kehrt, wenn er nach mühseliger, sieben Jahre langer Kurbehandlung sich in den Schützengraben widerstandslos stürzt, nur in sein eigentliches Element, in das chaotische zurück. Denn diese Seele, von außen gesehen, simpel, banal, alltäglich, hat es in sich. Sie bietet sich allem dar, was ist, und da die Summa summae unserer Zeit Chaos ist, da die Epoche eben zu groß für unsere Persönlichkeit ist, da die naturwissenschaftlichen Ergebnisse in ihrer stumpfen Prägnanz kein ebenso starkes, scharfes, klares philosophisches Gegengewicht gefunden haben, schwankt unser Held in allen erdenklichen Abenteuern des Geistes, des Fleisches, des Krankseins, des Gesundheitsrausches, des Bewußtseins und der Verdunkelung, bis ihn der allgemeine Abgrund des Namenlosen (darf man sagen, die Pflicht gegen das eigene Volk?) aufnimmt und ihm ein ehrenvolles Begräbnis sichert. Dieser chaotische Grundcharakter scheint hier schärfer erfaßt als in Goethes Werk, wo er sich, fast gegen den Willen des Schöpfers, erst in den späteren Partien durcharbeitet. Mit großer Sicherheit hat Mann die Gegenpole erfaßt. Das Fleisch, die Anatomie, das rein Tatsächliche aller dieser sterbenden, leidenden Menschen, und er ist dabei, trotz seiner Urbanität, vor nichts zurückgeschreckt. Man findet Bilder des Lebens in diesem Buch, so strotzend, voller Kraft und Lust am Glanz, leicht beflügelt, zart blumenhaft wie die Russin Clawdia Chauchat, ein vollendetes Kunstwerk im Kunstwerk. Man findet die starke Persönlichkeit, halb Maske, halb zitterndes Fleisch, den Weltfürsten Peeperkorn, mit unerhört sicherm Strich angesetzt, leider nicht ebenso vollendet, Ebenbild des herrlichen, nie wieder erreichten Luckner in Wedekinds »Schloß Wetterstein«; den Mann, der an seiner Kraft erstickt und an seiner Gesundheit sich verblutet. Man findet so erschütternde, kleine Bilder des animalen Sterbens, wie das einer kleinen Dame, die sich vor dem Priester mit dem tröstenden Viatikum unter die Decken verkriecht und markerschütternd, unvergeßbar nach Leben schreit. Man findet Landschaften, zauberhaft erfühlt, nur mit Stifters Landschaften, mit seinen Hochgebirgen, Schneewehen, Bergwiesen vergleichbar. Hier ist alles persönlich, einmalig, namenhaft und nie wiederkehrend. Wie sich der Frack mit dem Totenhemd, wie sich das Elegante mit dem Schicksalmäßigen vermählt, wie die gut gekleidete, gut genährte, wenn auch von Tuberkelbazillen infizierte Existenz kosmisch wird, sich den Sternen angesellt, das ist so herrlich, so unnachahmbar gestaltet, daß es unvergeßbar wird; ich weiß es.

Zwei große, unmenschliche, übermenschliche Szenen, der Dialog des Helden mit der Russin (diese Szene hat Mann aus Zart- und Schamgefühl französisch geschrieben) und die Unterredung des Helden mit dem Indienfahrer Peeperkorn, diese Zusammenkunft müder Jugend mit einer allzu frischen, behenden, überlebendigen Greisenhaftigkeit, das sind Bewegungen zwischen Menschen, wie sie nur ein Genie der Erzählung zu gestalten vermag.

Es wäre nicht gerecht, zu sagen, daß sich das ganze, riesige Werk auf dieser Höhe hält. Von allen Problemen und Geistesabenteuern, die in dem Rahmen des Buches sich finden (mehr, als daß sie sich finden, kann man nicht sagen), ist bloß das Problem der Zeit organisch, notwendig, überzeugend, ja zwingend aus der Seele des Werkes hervorgewachsen. Zeit ist für einen Genesenden, für einen Sterbenden das wichtigste Problem; und da wir alle andern, mögen wir auch nicht auf dem Zauberberg weilen, in diese zwei Kategorien der Sterbenden und Genesenden eingereiht zu werden uns gefallen lassen müssen, ist das »Zeitliche« in dem Zauberberg gerade das Ewige. Alle anderen Probleme, die der Dichter mit Hilfe zweier Nebenfiguren, des romanischen Heiden Settembrini und des jüdischen Christen Naphta entwickeln läßt, sind; wohl für die Zeit charakteristisch, für den Helden indirekt auch, denn er schlittert in diese Probleme hinein und aus ihnen heraus, man weiß nicht wie, und er kann von Glück reden, daß er heil aus ihnen sich rettet. Aber nun macht es Mühe. Es beweist sehr viel für die absolute Erzählungskraft Manns, für das Tolstoische, um nicht zu sagen, Homerische an ihm, daß er sich diese Schwergewichte aufladen kann, ohne zusammenzubrechen. In der Hand eines geringeren Meisters wäre der »Zauberberg« Torso geblieben. Diese Abweichungen sind nicht zufällig, sondern gewollt, Thomas Mann sagt selbst darüber: »Schon Jahre, soviel ist sicher, sind wir hier oben, uns schwindelt, das ist ein Lastertraum ohne Opium und Haschisch – und doch stellen wir der schlimmen Umnebelung absichtlich viel Verstandeshelligkeit und logische Schärfe gegenüber. Nicht zufällig, das möge anerkannt werden, haben wir uns Köpfe wie die Herren Naphta und Settembrini zum Umgang erwählt...« Nein, nicht Umgang! Nicht um den Menschen herum möge sich das gedankliche Gewirre und die Entwirrung der Seele begeben, sondern in ihm selbst. Aber wie kann es Handlung, Verhandlung, Entscheidung geben, bei chaotischen, fessellosen, grenzenlosen Naturen, schon darum fessellos, weil sie dem tätigen Leben des großen Goethe längst entsagt haben und, halb mit Willen, halb durch das sterbliche Teil bezwungen, mit einem Fuße (ihrer Seele?) im Grabe stehen. Bei Tuberkelbazillen im Sputum gibt es keine geistigen Entscheidungen, diese Menschen sind nicht mehr mögliche Subjekte der Welterfassung, sondern nur bestenfalls Objekte.

Hier liegt also nicht das Schwergewicht. Es muß auch gar nicht hier liegen. Hat ein hoher Meister eine Figur geschildert, wie sie ist, dann hat er, unausgesprochen auch gesagt, was sie bedeutet. Bei einer Figur ist dies Thomas Mann auch ohne trüben Rest gelungen, bei dem preußischen Vetter, Joachim Ziemssen, der in seinem keuschen und doch weit überspannten Leben und Streben, in seinem kühnen Wollen und Versagen, nicht sich allein als singulare Erscheinung darstellt, sondern seine ganze Klasse, ja sogar sein Volk. Seine letzten Tage, Stunden und Augenblicke sind so meisterhaft, so herrlich unvergeßbar, so männlich rührend und im tiefsten erschütternd geschildert, daß man es als Sakrileg empfindet – ich wenigstens –, wenn bei einer spiritistischen Seance ebendieser große, keusche Held, zu einem trügerischen, abenteuerlichen, aufregenden Schein und Schauerdasein wiedererweckt wird.

Giacomo Casanova, Erinnerungen

Casanova, dessen Geburtstag sich jetzt zum zweihundertsten Male jährt, gehört nicht zu den säkularen Menschen. Sein Leben enthält zwar unzählige Züge von säkularem Charakter, es gibt Beispiele für jede menschliche Verirrung, für manche menschliche Klarheit, für menschliche Trübe und menschliche Lebensfreude, für übermenschlichen Lebensglanz – aber beispielhaft ist es nicht. Er ist ein ewiger Verführer. Macht ihn das mit Don Juan verwandt? Nein, – denn Don Juan und Casanova sind entgegengesetzt gerichtete Seelenfiguren, und was Don Juan, zum unaussprechbaren Problem wird, wird Casanova zur fabelhaft erzählten Selbstverständlichkeit. Er ist gebildet, hat interessante Züge, ist dem guten Leben in keiner Weise abhold. Vor allem nährt er sich gewohnheitsmäßig von der Unschuld junger Mädchen, wird alt dabei, genießt sein Leben bis zum nie schal werdenden Rest und weiß zum Schluß nur, was er erlebt hat, hat aber im Grunde nicht erlebt, was er weiß. Denn wie wäre das möglich?

Schon der erste Band seiner Lebenserinnerungen, die jetzt der Verlag Ernst Rowohlt in einer herrlichen Ausgabe neu herausgibt, enthält des Gelebten unendlich viel, aber es ist so, wie wenn ein Schneider eine Naht herunternäht, es geht alles seinen Gang, aber nichts hat ein Ende. Alles ist Tatsache, nichts ist Wahrheit. Das ist sein Glück, sein Stern. Alle Welt findet ihn bezaubernd, geheimnisvoll. Wohlwollend sieht man ihn als Spieler, Hasardeur, Abenteurer, man freut sich am Gewinner und Genießer großen Stils.

Aber das Endresultat ist nur ein gewöhnlicher, wenn auch mit seinen Schwächen ungemein reizvoller Mensch. Man könnte bitter werden, wenn man bedenkt, daß ein Mozart für seinen »Don Giovanni« nicht soviel Dukaten bekommt als ein Casanova in einer halben Stunde am Pharaotisch verspielt, gewinnt und wieder verspielt, um endlich doch mit goldgefüllten, schwer am seidenen, blaugestickten Galakleide herabhängenden, metallklirrenden Taschen fortzugehen – aber eine solche Betrachtungsweise lenkt von dem eigentlichen Problem Casanova ab. Und ein Problem ist es. Gerade deshalb, weil der Kern der Persönlichkeit so zweideutig ist. Gerade, weil die Auflösung des Rätsels Casanova so leicht scheint.

Erinnert man sich dessen, daß dieser Mann nach unzählbaren Abenteuern, die er in seiner zehnbändigen Lebensgeschichte auf 5000 Seiten erzählt, nach mannigfachen Fehlschlägen, nach galanten Krankheiten, nach vielen Kümmernissen, gelehrten Bestrebungen, Hochstapeleien, Spielerleidenschaften, Kreditoperationen, Reisen und tausenderlei Begegnungen mit Menschen (selten mit sich) im zweiundsiebenzigsten Lebensjahre noch die Kraft hatte, in seiner Verbannung in dem Schlosse zu Dux seine Memoiren zu schreiben und alles Frühere so lebenstrotzend heraufzubeschwören, daß diese zehn Bände zu den nie verschwindenden Dokumenten ihrer Zeit und ihres Schöpfers gehören, daß sie jetzt immer noch spannen, belustigen und Anteil erwecken – dann kann man nur das *Wunder* einer Vitalität bewundern, die über das gewöhnliche Menschenmaß weit hinausgeht, und dagegen gehalten, bedeuten die tausend »gepflückten Mädchenblüten« in ihrer etwas schwammig gewordenen Sinnlichkeit fast nichts.

Lebensfreude ist eine heute selten gewordene Sache, mag sie sich auch manchmal so sehr irdisch, fleischhaft, bis zum Gemeinen genießerfreudig zeigen wie hier, eine Freude ist es doch, und Freude strahlt auch jetzt aus den Büchern des Casanova aus. Fragen der Moral oder gar der Ethik kommen für uns weniger in Betracht als für Casanova selbst, der, wie alle Wüstlinge, nie frei war von moralischen Bedenken. An einer Stelle der Einleitung sagt er: »Lachend wirst du (Leser!) sehen, wie oft ich mir, wenn es nötig war, kein Gewissen gemacht habe, Wirrköpfe, Schurken, Narren zu überlisten. Wenn man es mit Frauen zu tun hat, so steht List gegen List, und das zählt nicht. Denn wenn Liebe mitspielt, sind beide Teile betrogen.« Was an dieser Äußerung eigenartig ist, ist die allgemeine Entwertung von Grundsätzen, die ein mittelmäßiger Geist gern vornimmt, solange sie zu seinem Vorteil stattfinden kann. Dieser Hang zur Skepsis ist auch für unsere klägliche Zeit sehr charakteristisch. So läppisch sich heute dieser Skeptizismus gebärdet, des Erfolges kann er immer sicher sein, er ist der Trost aller Mittelmäßigen. Glaube erfordert Kraft. Unglaube verlangt Mut. Die »Heilige Johanna« verlangt nichts. Sieht man also diesen vernünftelnden, »billigen« Geist als den von 1925 an, kann es kein zeitgemäßeres Buch geben als Casanova. Das zitierte Wort ist nicht zufällig. An einer anderen Stelle wiederholt und begründet er es tiefer: »Der Mensch ist frei, doch nur, solange er an seine Freiheit glaubt. Je mehr Macht er dem Schicksal einräumt, um so mehr beraubt er sich selbst der Macht, die Gott ihm mit der Vernunft verliehen hat. Die Vernunft ist ein Stück von der Göttlichkeit des Schöpfers. Bedienen wir uns ihrer, um demütig und gerecht zu sein, so machen wir uns ihm, der sie uns geschenkt hat, wohlgefällig. Gott hört nur für die auf Gott zu sein, die sein Nichtsein für möglich halten. Und diese Vorstellung muß für sie die größte Strafe sein.«

Äußerungen dieser Art gehören notwendig zu den »gepflückten Mädchenblüten«, zu den goldgefüllten Taschen und zu den okkultistischen Studien, den Verwandlungsversuchen von Quecksilber zu Gold, zu den magischen Pyramiden und kabbalistischen Zahlenmanövern. Aber sie geben nur die Ausstrahlungen dieser unpersönlichen Persönlichkeit. Sie führen nur indirekt in Casanovas Inneres. Der Gegensatz, der in den Worten »unpersönliche Persönlichkeit« liegt, ist nicht ein bloßes Wortspiel. Die innere Ausgeglichenheit, der gleichmäßig feststehende Barometerstand der Seele ist etwas, das Casanova besitzt, was ihn erfolgreich macht; er ist etwas, was Don Juan fehlt und was ihn scheitern läßt. Don Juan lebt intensiv, und wenn er zugrunde geht, ist es deshalb, weil keine irdische Erscheinung eine wirklich intensive Liebe erträgt. Der wirklich intensiv Liebende muß lächerlich werden wie Don Quichotte oder sich entmannen wie Abaelard oder Tote zu Gaste laden wie Don Juan. Dies alles sind verschiedene Wege, zum gleichen Endziel führend, aber alle aus dem Glauben, aus einer wahrhaften Quelle entspringend. Nie wird es einem Casanova einfallen, einen toten Komtur, den Vater einer seiner »Mädchenblüten«, zu Gaste zu laden. Er wirft nicht einmal einen Schatten auf die Lebenden, geschweige denn auf die Toten. Er betört sie nur, die Mädchen, Frauen, Spieler, Betrogenen und Betrüger, aber er verführt sie nicht. Sie verfolgen ihn nicht, tragikomisch wie den Don Juan, der nie die Ruhe zu neuen Abenteuern hat, weil das nicht zu Ende gelebte immer wieder auftaucht und seine Rechte verlangt. Die »gepflückten Mädchenblüten« lassen Casanova ohne viel Kummer gehen, und da wird Casanovas sinnlose Vernunft eins mit der sinnlosen Vernunft des gewöhnlichen Weltgeschehens. Das schnoddrige Wort »Ab dafür« wäre der eigentliche Sinnspruch dieses Mannes.

Seine außerordentlich reichen Erinnerungen bieten Stoff für unzählige Romane und Dramen, sind aber an sich weder romanhaft (mit Ausnahme der herrlich erzählten Episode der Nonne M.M. in den Kasinos von Murano und Venedig), und ebensowenig sind sie dramatisch, mit Ausnahme der unbeschreiblich prächtigen Flucht aus den Bleikammern. In beiden Fällen kommt das Entscheidende, das nicht Wiederkehrende, von außen. Wenn es bloß nach Casanova ginge, würden Nanette und Marton, seine zwei ersten »Opfer auf dem süßen Altare der Venus«, sich wie Kaninchen vermehren. Unschuldiger Menschen gibt es zwar wenige, aber unberührter viel. Die Nonne M.M. aber ist eine wahrhaft erlebte Frauengestalt mit männlichen, mit weiblichen Zügen, ein sonderbarer, gebrochener und doch herrlich lebender und blühender Charakter – und weil sie blüht, welkt sie auch und vergeht. Sie ergreift als Mensch, als Charakter, als Schicksal, als einmaliges, nicht wiederkehrendes – aber auch nicht als entscheidendes. Denn diesen Allerweltsbruder Casanova entscheidet nichts – weder der Untergang eines Menschen noch der Untergang einer Welt. (Er sah das achtzehnte Jahrhundert zugrunde gehen – unbekümmert, ungerührt, gesund und lustig, klug und verbohrt, und eine Schüssel gut gekochter Makkaroni war sein »Lebensziel« im Schlosse von Dux.)

Was die Ausgabe anbetrifft, von der der größere Teil schon vorliegt und bei der eine neue französische Fassung als Unterlage gedient zu haben scheint, ist sie durchaus zu loben. Das Buch ist von Hessel und Ježower mustergültig übersetzt; klar, beschwingt, immer kraftvoll, nie grob. Der unzerstörbare Hauch der Jugend, den dies im höchsten Greisenalter verfaßte Werk im Original besitzt, bricht in jeder Zeile durch. Wenn an der prachtvoll schlicht gedruckten Ausgabe überhaupt etwas auszusetzen ist, so schien mir ein Bild des Casanova sehr zu fehlen, gerade, weil die Persönlichkeit als solche nicht selbständig zeugen kann (im Gegensatz zu Rousseaus »Bekenntnissen«, bei denen jede Bildbeigabe nur stören kann). Daher wäre es sehr zu begrüßen, wenn späteren Auflagen Bilder dieses merkwürdigen, wenn auch nicht beispielhaften Mannes und der vielen Stätten seines Währens und Wirkens beigefügt würden.

Franz Kafka, Der Prozeß

Der erste der nachgelassenen Romane des Franz Kafka, »Der Prozeß«, ist eben im Verlage »Die Schmiede« erschienen. Schon bei Lebzeiten des Dichters wob sich um dieses Werk ein geheimnisvoller Schleier, und man muß zugeben, es ist kein alltäglicher Fall, wenn ein bedeutender, anerkannter, ja als großer Meister gerühmter Dichter eines seiner bedeutendsten Werke – als das kann man den »Prozeß« jedenfalls betrachten – durch Jahre verborgen hält und wenn er von der Absicht, sein Werk selbst zu zerstören, nur durch milde Gewalt abgebracht werden kann. Wir kennen zwar Ähnliches. Gogol hat den zweiten Teil seiner »Toten Seelen« vernichtet, Werke von Kleist fanden dasselbe Schicksal. Hier begegnet das gleiche uns wieder. Max Brod, einer der wenigen Menschen, die Kafka in seinem Leben wahrhaft nahegestanden haben, hat das Buch dem Dichter im Jahre 1920 fortgenommen und es so, in einer zwar unvollständigen, aber doch das Bild des Ganzen in großen Zügen entwerfenden Fassung gerettet.

Auf jeden Fall sind also in Kafka wie in Gogol zwei Grundkräfte wirkend geblieben: Ein gewaltiger tektonischer Trieb, ein Wunsch aufzubauen, Welten in die Welt zu stellen. Und ein zweiter, sie zu zerstören, und wenn es sein mußte, auch sich selbst. Der erste Wunsch war so unbesiegbar, daß Kafka nach seiner mühseligen Tätigkeit als Beamter einer Arbeiterversicherungsgesellschaft nachts den notwendigen Schlaf nicht fand, sondern sich zu einer Schöpfung hingerissen und gezwungen sah, die sich mit der äußersten Schärfe, traumwandlerisch, aber nicht verschwommen, ja nicht einmal mit der »natürlichen« Verschwommenheit des alltäglichen Lebens in Szene setzte. Nachts in Szene setzte, um am Tage verleugnet, geringgeschätzt, vernichtet zu werden. Solche selbstzerstörenden Kräfte sind dem Genie nichts Fremdes. Sie mit Bescheidenheit zu verwechseln bleibt einer gar zu handgreiflichen Psychologie vorbehalten. Denn mit Bescheidenheit hat dies nichts zu tun. Kafka empfand sich nicht als zu klein. Er sah sich mit Recht, mit Recht wie jedes Individuum und mit doppeltem Recht, wie jedes geniale Individuum im Mittelpunkt der Welt. Er wußte, wer er war. Er wollte es nicht sein. Damit hat er aber die Tatsache seiner Existenz nicht ausgelöscht, sondern in höherem Sinne erst bestätigt. Er ist der einzige Held seiner Werke. Alles, was bei ihm Biographie ist, ist Autobiographie. Alles, was bei ihm begrenzt ist, ist an sich selbst, eben an Franz Kafka begrenzt. So versteht man es, daß er in den späteren Jahren seines Lebens auf das Nationale verfiel. Er fiel, im wahrsten Sinne, darauf. Da er Jude war, hieß es für ihn Zionismus und jüdisch-national. Die Tendenz war klar. Das Individuum auf eine breitere Basis zu stellen, mit einem höheren Grade von Sicherheit im Leben zu ruhen und womöglich zu wirken. Man kann allgemein annehmen, daß der große Zug zum Nationalismus, der seit 1914 einsetzt, darin begründet wird, daß die Völker in ihrem Beständε problematischer geworden, sich auf die Rasse, die Ahnen zu stützen versuchen. Das Soziale geht auf eine ähnliche Quelle zurück. Der einzelne verzweifelt an seiner Lebensmöglichkeit, an dem Sinn des Daseins, ja an dem Sinn der Frage nach dem Sinn. Was er bei sich nicht finden kann, will er in der Gemeinschaft, in einem soziologisch erfaßten Menschheitsgebilde finden, und hier sieht er sich wenigstens eine längere Daseinsdauer, ein größeres Format zugewiesen, er ist von den Fesseln des Ich bis auf Reichweite entledigt. Diese Vorbemerkungen führen uns dem Kern des Buches von Kafka näher. Zwar ist hier nicht das Nationale, noch auch das Soziale ganz zum Durchbruch gekommen, es ist der Prozeß eines einzelnen, eines bis aufs äußerste isolierten Individuums. Ja, der Held ist so sehr aller sozialen und aller nationalen Eigenschaften entkleidet, daß er weder Eltern noch Brüder besitzt, daß er keinen eigentlichen Namen hat, einfach Joseph K. genannt wird. Etwas Ähnliches wurde vor kurzem versucht in einem Roman eines namenlosen Menschen, der ohne Erinnerung seiner selbst plötzlich erwacht. Kafka ist noch weiter gegangen. Sei es, daß er wirkliche Menschen nicht schildern wollte, sei es, daß er's nicht konnte (aber im »Heizer« gibt es doch wirkliche Menschen), es fehlen jedenfalls im »Prozeß« dem namenlosen Manne mit kleinbürgerlicher Haltung, dem Joseph K., alle eigentlich menschlichen Züge. Man erkennt ihn nicht wieder, vorausgesetzt, daß man ihn nicht, in seltenen, aber doch existenten Augenblicken, als sich selbst in einem imaginären Spiegelbilde erkennt. Hier ist die große Stärke des Werkes, nämlich seine

Allgemeingültigkeit, seine prachtvolle, groß gezeichnete, heldenhaft durchgeführte Symbolik. Hier liegt auch seine Schwäche. Denn es ist nicht Fleisch, nicht Blut, es ist nicht Seele, sondern es ist Gespenst, gezeichnet gegen eine Welt von Gespenstern. Der erzählbare Inhalt dieses Buchs würde keinen Begriff von dem Wesen geben. Man muß es kennenlernen, man muß es zu erleben versuchen. Ein Bankprokurist wird eines Morgens aus dem Bette geholt, von zwei Wächtern aufgescheucht mit der Nachricht, er sei verhaftet. Es ist nicht das wirkliche Gericht, sondern ein anderes, das sich nach Art der Freimaurer in die letzten Winkel der Gesellschaft hineingewuchert hat. Dieses Gericht, dessen höhere Instanzen unerreichbar sind, dessen Akten niemand lesen darf, das im geheimen tagt und Recht über den einzelnen spricht, ohne daß man weiß warum – vielleicht nur kraft der allen Menschen innewohnenden Schuldgefühle –, dieses Gericht hat den Joseph K. nun in seine Fänge genommen, läßt ihm zwar seinen Beruf, aber seine Freiheit nicht. Wohin er kommt, überall begegnen ihm Abgesandte dieses unsichtbaren Gerichtshofes. Immer und auf allen Stadien seiner Bahn wird ihm der Prozeß gemacht, der durch ein Urteil abgeschlossen, aber nicht beendet werden kann, und da es ein Lebensprozeß ist, kann er nur mit einem Todesurteil schließen. Kein Widerstand ist möglich. Keine Klarheit. Form bis in die letzten Verästelungen. Sinn aber nirgends. Überall Akten, nirgends Blut, oder doch, dort, wo am Ende dem Joseph K. durch zwei freiwillige Henker das Herz von einem Messer durchbohrt wird. Joseph K. wehrt sich nicht mehr, er hat sich dem Prozeß hingegeben, er ist selbst Teil des Gerichtes geworden, er sieht und erlebt die Welt nur mit den Augen des Prozesses. Der »Prozeß« ist doppelsinnig. Prozeß heißt auch Krankheitsprozeß und ist sicher von Kafka auch so gemeint. An solchen Doppelbezeichnungen mag sich oft das Genie eines Sprachschöpfers, wie Kafka es war, bewähren und entzünden. Hier ist das Begrenzende freilich auch schon umschrieben. Seine kleinbürgerliche, minutiös geschilderte Sphäre hat er auch hier weder verlassen wollen noch können. Man faßt aber eine danteske Phantasie nicht ungestraft in die Form der kleinbürgerlichen jüdischen Welt des Prag von 1920.

Dante ist ein großer Name. Wer aber eine Hölle schildern konnte, wie sie Kafka schildert, wer in dieser Hölle leben und nach seiner Art heroisch in ihr wirken und an ihr heroisch untergehen konnte, mag ohne Sakrileg mit jenem Riesen in einem Atem genannt werden. Es sind Szenen von infernalischer, beklemmender Gewalt in diesem Buche, und man wird es hoffnungsloser verlassen, als man die Gänge und Hallen und Schlupfwinkel dieses metaphysischen Prozeßlokales betreten hat.

Freilich sind wir von jener großen Natur- und Dämonenkraft im »Zeugen« und »Zeugnisablegen« weltenweit entfernt, selbst wenn man nicht an Dante, sondern nur an Dämonen wie Gogol oder Kleist erinnert. Bei Gogol wie bei Kleist schließlich der Sprung in den Abgrund des Nationalen, aber ein Sprung, der Kafka schon deshalb versagt blieb, weil ihm der Mut zur völligen Selbstvernichtung ebenso fehlte wie zur völligen Selbstbehauptung, allem zum Trotz! Nicht an Genie, an Mut hat es ihm gefehlt. An einer bestimmten Stelle des »Prozesses« zeigt sich Kafka unter dem Vorwurf seines Werkes. Er erreicht die Höhe seiner eigenen Idee nicht. Es ist die Stelle in der Halle eines Domes, wo er sich verwundert allein findet und mit dem »Gefängniskaplan« des »Prozesses« seinen Disput beginnt. Man zittert diesem ungeheuer hoch getriebenen Augenblick entgegen. Hier könnte, müßte Dostojewski einsetzen. Wunderbar, unnachahmlich, ewig ist die Szene eingeleitet mit dem Gleichnis vom Türhüter. Man kann dieses Gleichnis neben denen des Evangeliums nennen, neben denen des Dschuang Dsi, des Konfuzius. Bleibt hier dem Gestalter, dem Denker und Deuter nicht der Atem aus, dann ist die deutsche Literatur, nein, die Menschheitsliteratur um ein unsterbliches Werk reicher. Hier hätte Kafka geben müssen, was er hatte. Hier hat er geben wollen, was er hatte. Warum verschweigen, was bedrückt, was aufwühlt, was entscheidet? Kafka war diesem entscheidenden Augenblick nicht gewachsen. Er sah ihn entweder nicht, oder er hatte sich zu sehr an das Schwefellicht der Hölle gewöhnt. Was er gibt, ist nicht einmal Stein. Steine können verehrt werden; die Mohammedaner tun es. Staub aber kann es nicht. Kafka zerreibt dieses unvergeßbare Gleichnis, dieses nicht wieder zu ersetzende Erlebnis des Türhüters zu talmudischem Staub. Er zerknüllt die »Weise«, die wissende, vollendete Form zu sophistischen Worten, und nun erst wird die Verzweiflung vollständig. Nun versteht man es, warum Kafka dieses Werk nicht zeigen wollte. An den meisten Werken unserer Zeit gemessen, ist es immer noch ein Muster- und Meisterwerk. An sich selbst gemessen ist es ein Versagen. Und der Versagende steht beschämt allein, und all unser Trost kann ihn darüber nicht trösten, daß er uns versagt hat, wonach wir gehungert haben und was er allein, als der Türhüter des Gesetzes, seines Gesetzes, uns hätte geben können.

Und doch wäre es unrecht, zu sagen, daß er uns ganz ungesättigt entläßt, daß er uns nur quält, wie er sich selbst gequält hat. Das letzte Kapitel, zu dem der Übergang fehlt, das Kapitel vom Tode dieses Joseph K. ist ein Kapitel, zwar nicht der Erlösung, aber doch der Erleuchtung. Hier gibt es mildes Licht, tröstliche Helligkeit. Der Held liegt am Boden, das Messer des Todes sieht er über sich, aber nicht das Messer allein. Ich lasse die Stelle hier folgen: »Seine Blicke fielen auf das letzte Stockwerk des an den Steinbruch angrenzenden Hauses. Wie ein Licht aufzuckt, so fuhren die Fensterflügel eines Fensters dort auseinander, ein Mensch, schwach und dünn in der Ferne und Höhe, beugte sich mit einem Ruck weit vor und streckte die Arme noch weiter aus. Wer war es? Ein Freund? Ein guter Mensch? Einer, der teilnahm? Einer, der helfen wollte? War es ein einzelner? Waren es alle? War noch Hilfe? Gab es Einwände, die man vergessen hatte? Gewiß gab es solche. Die Logik ist zwar unerschütterlich, aber einem Menschen, der leben will, widersteht sie nicht. Wo war der Richter, den er nie gesehen hatte? Wo war das hohe Gericht, zu dem er nie gekommen war? Er hob die Hände und spreizte alle Finger.«

Von dieser erschütternden Schlußstelle fällt Licht auf die Wirrnisse des ganzen Buches und auf die Irrungen des ganzen Menschen. Löst sich nicht alles darin, daß hier einer als Ankläger, als einziger Zeuge, Prozeß führt gegen sich selbst? Ist hier nicht einer zu streng mit sich selbst ins Gericht gegangen? Hatte hier einer zu heiße, zu glühende Begierden, aber nicht den Mut, ihnen nachzugeben, noch die Kraft, sie zu unterdrücken, es sei denn, sie zu unterdrücken zugleich mit seiner ganzen Existenz? Dann ist der ganze Prozeß nichts anderes als der Prozeß der eigenen Gewissensstimme. Dann ist das Werk nichts anderes als der Detektivroman einer Seele. Ein Wesen suchend auf den halbverlöschten Spuren seiner selbst. Von sich selbst angeklagt und von sich selbst verurteilt. Und daß dieses Urteil wider den Willen dieses Richters und Angeklagten in einer Person, wider den Willen Kafkas an die Öffentlichkeit kommt, nachdem er sein ganzes Leben lang die Heimlichkeit des Verfahrens erlitten, das macht dies Werk zu einem echten Lebensdokument, zu einer erschütternden Tragikomödie.

Raymond Radiguet, das Fest und der Teufel im Leib

Vor allem sei eines früh gestorbenen, früh vollendeten Dichters gedacht: Raymond Radiguet. Er ist im Alter von zweiundzwanzig Jahren dahingegangen, nachdem er zwei meisterhafte Werke geschaffen, die Romane: »Das Fest« und »Den Teufel im Leib«, die eben von dem Verlag »Die Schmiede« in der Sammlung der Romane des zwanzigsten Jahrhunderts veröffentlicht werden. Es sind erstaunliche Arbeiten. Aber man erwarte nicht die Klaue des Löwen, nichts von der, man möchte sagen, zeugungswütenden, lebensstrotzenden Art eines jungen Rimbaud. Die Form ist gesänftigt, knabenhaft und lieblich, reich ohne Schlaffheit und wissend ohne Frühreife. Die Jugend aller Zeiten ist wissender, als man es später begreift. Es gibt große Werke und mächtige Taten auch auf anderem als auf künstlichem Gebiete, die von Jünglingen vollbracht sind. Mathematische Genietaten wie die des jungen Gauß sind nicht die einzigen. Humboldt spricht in seinem »Kosmos« von einem jungen Franzosen, Gascoigne: »Die Mikrometerausrichtung von feinen Fäden, im Brennpunkt des Fernrohrs ausgespannt, welche der Anwendung des letzteren erst ihren eigentlichen und unschätzbaren Wert gab, wurde von dem jungen, talentvollen Gascoigne entdeckt. Der unglückliche, lang verkannte Gascoigne fand, kaum dreiundzwanzig Jahre alt, den Tod in der Schlacht bei Marston Moor, die Cromwell den englischen Truppen lieferte. Ihm gehört, was der beobachtenden Astronomie, deren Hauptgegenstand es ist, *Orte am Himmelsgewölbe* zu bestimmen, einen vorher unerreichten Aufschwung gegeben hat.«

Solch ein vorher unerreichter Aufschwung wird den Werken des jungen Radiguet nicht beschieden sein. Nicht an der Begabung mangelt es ihm, sie ist stupend, nicht an dem Tiefblick in die Gründe und Abgründe menschlicher Handlungen fehlt es, denn dieser erweist sich, selbst im kargen Raum der zwei kleinen Romane, in der vollendet sicheren Führung der Handlung, in der Konsequenz des seelischen *Warum, Deshalb.* Was ihm fehlt, was die jung gestorbenen, fragmentarisch zerrissenen Genies Büchner und Rimbaud auszeichnet, ist die unbeherrschbare, grandiose Fülle der Lebenskraft, der fast tierhafte animalische Hauch, der die Schöpfungen dieser beiden umwittert und der sie gerade dadurch vor dem Vergehen, vor der Verwesung schützt. Dies hat Radiguet nicht. Seine zwei Romane wirken nicht über sich hinaus. Sie sind wohl meisterhaft, aber auch überreif, eng und beschränkt in dieser Meisterschaft.

Was Humboldt an dem jungen Gascoigne rühmt, die Verbindung zweier, bis dahin nicht in Verbindung gebrachter Welten, und zwar in Gestalt der optischen und astronomischen Instrumente (und Denkungsarten), das geht ihm völlig ab. Humboldt spricht von der Schärfe des Erkennens (Teleskop) und der Kraft des Messens (Mikrometer) als von zwei verschiedenen geistigen schaffenden Prinzipien. Das sind sie auch. In der Kunst heißt Erkennen: *Schaffen.* Messen heißt *ordnen,* und zwar nach zwei Seiten hin, nach innen ordnen in die Form, nach außen Einordnen in die soziale Gemeinschaft, in den Kreis der Mitmenschen, den Mikrokosmos der Mitwelt. Ein vollendetes, aber kaum mehr erreichbares Ideal nach dieser Richtung ist der »Don Quichotte«. Die Seele dieses Menschen Don Quichotte und damit ein Teil der Seele der gesamten Menschheit ist erkannt und auf immer gebannt. Das Werk ist innerlich geordnet in einer frühbarocken Form, geschlossen, wenn auch nicht frei von Schnörkeln, und nach außen hat es seiner Zeit, hat es der sozialen Ordnung seines Jahrhunderts Unendliches gegeben. Der nächste Versuch großen Stils, Goethes »Wilhelm Meister«, von dem Dichter in der ersten, rauhen Blüte seines Genius unternommen, versandete in der Breite eines nicht genug leidenschaftlich durchbluteten Weltbilds. »Wilhelm Meister« verbirgt sich in den späteren Teilen nicht ohne Grund (und Scham) in Geheimnissen und hinter blutleeren Deutungen. Goethe weiß es, er mußte es wissen, daß hier ein Grund Charakter menschlicher Gesamtexistenz angefaßt, aber nicht durchdrungen war. Halb lebte er, halb war er ein schönes Buch. Der Held der großen Korruption, der kosmischen Schöpfung aus bürgerlicher Grundsphäre ist nicht genug aus dem brütenden Mutterleibe entwachsen, wovon der ewig fragende, ewig unreife Wilhelm Meister die fragmentarischen Teile immer mit sich herumträgt als mystische Maske seiner selbst. Was nützt dann die herrliche, kaum je wieder zu erreichende Kunst des Messens? Wohl war hierin Goethe groß. Die Farbenlehre beweist es herrlich, ein Ruhmestitel des universalen Menschen überhaupt.

Goethes eigenes Leben beweist es tragisch, denn der genial messende, mit den Maßen des Unendlichen, des Göttlichen Vertraute kann für sich »persönlich« nicht messen. Was ihm bleibt, ist (bei Goethe oft so quälend) die Liebe zum »reinlichen«, zum guten Leben, der behaglichen Existenz, das Kaltherzige *gegen* den Willen des eigentlichen, lodernden Herzens.

Von dem jungen Radiguet wissen wir nichts. Wir wissen nur das, was die beiden Romane von ihren Helden erzählen. Wir gehen vielleicht nicht fehl, wenn wir in ihnen jeweils den Dichter selbst sehen. Das erste Buch, »Das Fest«, enthält eine kleine Stelle, die ich hierher setzen möchte. »Er hatte die junge Perserin als Tischdame. Seine Freude machte ihn anziehend. Der Zufall oder vielmehr die Regeln der Konvenienz hatten den russischen Fürsten neben Frau D'Orgel – und François (den Helden) neben die kleine Witwe gesetzt ...François hätte sich keine angenehmere Tischdame als diese Prinzessin wünschen können, die das Alter zum Lachen hatte und schon soviel geweint hatte. Das Lachen traf Frau D'Orgel (die Heldin) ins Herz. Das Kind ist bezaubernd, dachte sie und sah François an...« Sieht man es nicht vor sich, das junge, mit wissenden Augen die mondäne Welt umfassende Kind, das »das Alter zum Lachen hatte und schon soviel geweint hatte«? Ein kleines Gefühl im Rahmen einer großen Gesellschaft, ein echter ergriffener Herzschlag inmitten von unerbittlich höflichen Formen – es ist ein Stück Leben, wenn auch nur von weither widergespiegelt und blaß vor Stolz und Schüchternheit zugleich.

Tiefer geht das andere Werk, »Den Teufel im Leib«. Ein soldatischer Titel, aber kein soldatisches Werk. Hier fließt das Blut der Seelen. Kann sein, daß dieses Blut giftig geworden ist. Es ist traurig, blaß und heiß wie in der »Beichte eines Kindes um die Jahrhundertwende« des unsterblichen Jünglings Alfred de Musset. Es ist die gleiche Geschichte, der gleiche Charakter, halb Teufel, halb Engel und im ganzen nicht weit von dem Prototyp der Rasse entfernt, von dem der größte Kritiker aller Franzosen, Voltaire, sagt, es seien Affen, die Tiger spielen. Ein junger Mann hat eine jung verheiratete Frau, eine Frau im Orangenblütenduft, verführt, deren Mann im Felde steht. Aus Liebe, aus Begehren, aus Einsamkeit, aus Zärtlichkeit, aus Grausamkeit, aus Wollust, aus Keuschheit, aus Bosheit und aus einem Augenblick Liebe. Vieles ist zum Erschrecken wahr, handgreiflich echt, man schauert, als griffe man in entblößtes Fleisch. Und doch, trotz allem, gültig ist es nicht. Meisterhaft, aber nicht zwingend.

Der Inhalt ist einfach, französisch klar: Liebe, Begegnung und Abschied. Die Geliebte stirbt an ihrem ersten Kind. Hier der Schluß des Romans: »Ich wollte den Mann sehen«, schreibt der Held, »dem Martha ihre Hand gereicht hatte. Mit angehaltenem Atem ging ich auf den Fußspitzen zur halb offenen Tür. Ich konnte gerade noch hören: ›Meine Frau ist gestorben mit seinem Namen auf den Lippen. Armes *Kind*! Das ist mein einziger Grund, am Leben zu bleiben.‹ Als ich diesen würdigen Witwer sah, der seine Verzweiflung beherrschte, erkannte ich, daß sich die *Ordnung* auf die Dauer von selbst um die Dinge legt. Hatte ich nicht gerade erfahren, daß Martha mit meinem Namen auf den Lippen gestorben sei und mein Sohn ein *vernünftiges* Leben haben würde?«

Man denke an den Schluß der »Madame Bovary«, oder besser, man lese jene unsterblichen Seiten nach. Die Jüngeren werden Flauberts grandiose, kosmische Menschlichkeit nicht wieder erreichen. Auch sie streben, das Geheimnis der Sterne erkennend und messend zu ergründen. Auch der junge, geniale Radiguet schuf mit dem Besten, dem Reinsten seiner Seele, aber noch während des Suchens erlosch er, ein armer, vergänglicher Stern, dessen Ort am Himmelsgewölbe nicht bleibt.

Georges Duhamel, zwei Freunde

Die schönste Liebesgeschichte zwischen Männern ist Georges Duhamels Roman »Zwei Freunde«, der eben im Propyläen Verlag, Berlin, veröffentlicht wird. Es ist das Kristall einer solchen Liebe, das sei gleich gesagt, und nicht ihr Fleisch, man kann daher das Buch jungen Mädchen ruhig in die Hand geben, und alte Damen werden nichts Anstößiges in ihm finden. Die besonderen Eigenschaften, die dieses Kunstwerk aufweist, liegen auf einer ganz andern Höhe: Wenn von einem Werk gesagt werden kann, es sei alles noch Natur und doch alles schon Kunst, trifft es auf dieses Meisterwerk zu. Das Problem ist von den zwei größten französischen Romandichtern, von Balzac und Flaubert, erfaßt worden, erschöpft ist es von keinem, denn es ist an sich nicht erschöpfbar, jede Zeit, jedes Land, ja, jedes Individuum wird in der Begegnung zweier Männer neuen Raum finden, sich zu entfalten. Hier ist die Entfaltung erotisch, wenn erotisch heißt Begegnung nackter Seelen, es ist aber nicht sexuell, wenn Sexualität heißt Berührung nackten Fleisches. Man hätte es zugleich erotisch fassen und sexuell durchführen können, dann wäre wohl der Ausgang ins Tragische gefallen, während er in Duhamels Buch traurig, ruhig, verlöschend ist, wie das wirkliche Leben selbst, das nicht mit dem dramatischen Augenblick des Sterbens, sondern mit dem epischen Unendlichkeitswort Tod zu Ende ist.

Es ist ein Roman von zwei Männern, zwei durchschnittlichen Bürgern, einem dicken und einem dünnen, einem mehr männlichen und einem mehr weiblichen, einem schönen Mann und einem mißgestalteten. Wer zweifelt daran, daß der Schöne liebt und der Häßliche geliebt wird? Beide sind verheiratet, glücklich in ihrer Ehe, der eine erfolgreich im Beruf und im Besitz der »guten Methode« und eines starken Lebenshungers, der andere ein Unterdrückter, der, bevor noch ihn die andern unterdrücken, sich selbst unterdrückt, einer, vor dessen Augen nichts Gnade hat, auch die Freundschaft nicht, die mit der Milch der Dürftigkeit getränkt und mit dem Brot der Bitterkeit gefüttert ist. Hinter diesen meisterhaft aus sich selbst entwickelten Naturen versinken die literarischen Heroen Balzacs und Flauberts. Nicht, daß hier ein Vergleich zwischen jenen gewaltigen Schwertgeistern und dem feinen Duhamel gewagt sei, bloß das Gefühl sei hervorgehoben, das Duhamel bietet und das Flaubert versagt, das Gefühl: Du bist es selbst, zwei Seiten deines asymmetrischen Gesichtes, dein eigenes Tag und Nacht, dein eigenes verzagendes »Wenn« und dein trotz allem überzeugtes, lebensstrahlendes »Aber«. Eines hat Duhamel mit Flaubert gegen Balzac gemeinsam, die lautlose Vernichtung der Frau. Bei Balzac ist Gold die erste Realität, Macht die zweite, Ruhm die dritte, die Liebe aber, Eros, ist die höchste Gewalt, die reinste letzte Beseligung, das höchste Menschengebot und die niederste sinnliche Forderung zugleich. In »Glanz und Elend der Kurtisanen« hat uns Balzac zwei Freunde von großem Format gezeichnet, Lucien de Rupembré, den schönsten Mann seiner Zeit, den Dichter, das Ehrenschild der Nation hier, und dort den von seelischen und leiblichen Narben zerfleischten Vautrin, den großen Herren über den Willen der Menschen, den Verbrecher aus Größe, den Napoleon unter den Galeerensklaven. An Frauen muß der Bund der zwei Männer zerbrechen, Lucien stirbt, und Vautrin wird Diener der Polizei und Spion, Bürger und Agent. Vor seinem Abschied von sich selbst, an der Wende unerhörter Abenteuer aus Blut und Gold, Gefühl und Gemeinheit sagt Vautrin: »Ein Frauenzimmer seufzt ein bißchen –, und denen, die über unser Schicksal und das der Völker entscheiden, dreht sich der Verstand um wie ein Handschuh. Ein Blick – und sie verlieren den Kopf. Ein Rock, ein bißchen höher, ein bißchen tiefer gerafft, und sie laufen verzweifelt durch ganz Paris. O wieviel Kraft gewinnt ein Mann, wenn er sich, wie ich, dieser kindischen Tyrannei, dieser Leidenschaft, die alle Anständigkeit umstürzen kann, diesen treuherzigen Schlechtigkeiten und all diesen Heimlichkeiten von Wilden entziehen kann. Die Frau mit ihrem Henkergenie und ihren Foltertalenten ist und bleibt immer das Verderben des Mannes.«

Bei Duhamel ist die Frau etwas ganz Unschuldiges, man kann sich nicht über sie beklagen, sie ist, so schrecklich es klingt, der »gute Kamerad«, der »Gefährte« geworden, in dessen Armen der Mann sich die Sehnsucht und die ewig wunde Enttäuschung über den Verlust des Freundes vom Herzen weint! Kann man das verstehen? Aber es ist so, und zwar nicht bloß bei Duhamel, den man als gar zu menschlich, als zu überhuman abtun könnte angesichts seines herrlichen Buches, das er den im Krieg gefallenen Tieren gewidmet hat, nein, auch aus Amerika kommt in einem repräsentativen Buch der gleiche Ton, bis auf eine Schwebung genau, ich denke an Sinclair Lewis »Babbitt«, in dem aus den furchtbaren Verzweiflungen eines bis ans Tragische gesättigten, übersättigten Spießertums nur die eine Sehnsucht bleibt nach dem Freund. Auch da fehlt nicht der feinste, nur mikroskopisch wahrnehmbare Zug in der Seele dessen, der im Augenblick schlechter steht, d.h. mehr liebt, sein Versagen und Verstummen vor dem andern, der dafür das Recht hat, das Recht, das in der Liebe nie gilt, daß ihn das »Unbesiegbare« tiefer trifft, daß er unrettbar an einer anderen Existenz hängt. – Und gerade in dieser Unrettbarkeit muß der Liebende, der Mann, der Lebende das einzig Feste sehen, abseits vom Geldverdienen, Erfinden, Streben und Entdecken, Autofahren, Kinderzeugen und Kindererziehen, in den Klub Gehen, politisch Wählen, in Versammlungen und im Familienkreise Sprechen und wie die andern »Als-ob«-Obliegenheiten des Menschen von 1925 lauten. Auch in dem Roman des Amerikaners hat die Frau die große Gabe des Trostes, sie beschwichtigt, sie versteht, sie kann (wie weit sind die Frauen gekommen!) schweigen und lieben, nicht anders als Cordelia und ebensowenig gewürdigt. In Sinclairs Roman ist es eine dick gewordene Amerikanerin, ein etwas schwachsinniger, fleißiger, besorgter Hausgeist, Prototyp der Gartenlaube, bei Duhamel, noch ergreifender, ist es ein namenloses, niedliches, haushälterisches und frohsinniges Etwas, das der Held bei schlechtem Wetter auf der Straße aufliest und dann ungestraft sein ganzes Leben wie ein weißes, stubenreines Kätzchen bei sich behält und das selbst durch Leckerbissen, Ehefrieden und seidene Kleider nicht übermütig wird. Aber was das bessere Teil im Helden verlangt, kann dieses raschelnde Ding mit den hübschen Beinen und den großen Augen nicht geben, auch der Beruf gibt es nicht, nicht der Erfolg, nicht der treibende Impuls des Daseins, nicht das schon völlig zur Kulisse gewordene Paris. Der Held des Buches mag den besten Appetit auf das Leben haben, er mag die Genüsse mit der leidenschaftlichsten Anteilnahme betrachten – solange sie im Schaufenster liegen, reizen sie ihn, hat er sie aber erreicht, bleibt er ungesättigt, gierig nach Erfüllung zurück, Erfüllung im wahrsten Sinne des Wortes, im metaphysischen, wie eine Seele nach *Glauben* hungert, oder im tiefsten physischen, wie ein weiblicher Leib nach einem *Kinde* hungert in den blühenden Jahren der heißer atmenden Jugend, in den Tagen der wartenden Fülle. Über die erste Begegnung dieses Sehnsüchtigen mit dem Verbitterten, über die tausend Wandlungen ihres Gefühls, über die stillen Freuden, das plötzliche Jungwerden, das Aufatmen, wenn man nebeneinanderher geht und nichtssagende Redensarten wechselt – was ist Wort – alles ist das Gefühl, einzig ist es das Gefühl, das die auseinanderstrebenden Teile unserer armseligen Existenz zusammenhält, und weil dieses Gefühl etwas Heiliges ist (das letzte Heilige vielleicht), deshalb ist dieses Buch an vielen Stellen legendarisch wie eine Heiligenerzählung, und da dieses Gefühl aus sich selbst kommt und geht, ist es lächerlich, kläglich und erschütternd in beidem. Man sagt nicht zuviel, wenn man viele Seiten dieses Buches unvergeßlich nennt.

Alphonse de Chateaubriant, Schwarzes Land

Zwei Grundströmungen scheinen mir in der neueren Kunst Frankreichs besonders wirksam zu sein: Die eine findet ihren Bezirk innerhalb des Selbstverständlichen und ist daher analytisch, die andere baut auf, verbindet, erhebt sich mit Absicht über das Selbstverständliche. Zu der ersten Gruppe gehört vor allem Proust, und auch die beiden Autoren, die hier besprochen sind, Radiguet und Duhamel gleichen sich dieser Richtung an. Was sie geben, ist, da das Urerlebnis banal ist, die Quintessenz der eigenen nicht banalen Persönlichkeit, bei Radiguet der Zweifel, die Verzweiflung; die Freuden einer halbgebrochenen Seele, die Erschütterungen eines »Als-ob«-Menschen – bei Duhamel ist es die schüchtern ins breite Leben ausgreifende, an sich völlig im Persönlichen befangene Begegnung zweier Privatleute. Bei Proust, Radiguet und Duhamel: eine Aktion gegen die Aktion, gegen alles Abenteuerliche, die Aktion gegen den Kampf, gegen die Verwicklung, ja sogar gegen die Entwicklung. Auch sie sind Schöpfer, aber Schöpfer von der Art der Kinder. Anders die zweite Gruppe von Künstlern und Gestaltern, die Schöpfer sind wie Väter, wie Ahnen. In diese Gruppe gehört als ein Mann von ansehnlicher Bedeutung Alphonse de Chateaubriant, von dem ein Werk, das in Frankreich mit dem Goncourtpreis gekrönt ist, nun auch deutsch vorliegt in einer schönen Ausgabe der »Schmiede« in Berlin. Ganz große Menschen, wahrhaft säkulare Naturen sind beides, Kinder und Ahnen zugleich. Schöpfer aus Zweifel und Schöpfer aus Glauben. Solche, die aussprechen, was in der Zeit liegt, und dann schaffen, was künftig in die Zeit kommt. Ein Mann dieser Art war Napoleon. Er begann damit, das zu verwirklichen, was schon in der Zeit war, er war, wie er mit Recht sagte, der erste, vielleicht der einzige Revolutionär. Aber mit dem Niederreißen bestehender Wirklichkeiten ist einem solchen Manne nicht gedient, und aus dem ersten Sohn der Revolution wurde – nicht ein Reaktionär. Denn dieser Reaktionär ist ja nichts als ein Revolutionär mit umgekehrten Vorzeichen – sondern ein gewaltiger Aufbauer, ein Vater, ein Ahne, ein Dynast. Es war nicht Snobismus, was ihn zu den alten Feudalgeschlechtern führte, was ihn hieß, die eiserne Langobardenkrone sich aufs Haupt zu setzen, sondern der Wunsch nach Universalität, nach Dauer in der Zeit, und daß er sich im Raume in Europa maßlos ausbreiten mußte, war für ihn nur eine traurige Notwendigkeit, deren Gefahren er sehr bald erkannte. Goethe hat in seiner Art, von »Werther« bis zu den »Wahlverwandtschaften« und der »Farbenlehre«, denselben Weg eingeschlagen. Beide haben ihren ins Kosmische gerichteten Drang, ihre Sehnsucht nach Gottähnlichkeit teuer bezahlt, denn zwischen Vätern und Söhnen spannt sich ein Abgrund, den man nicht ungestraft überspringt. Wie einfach dagegen die Existenz Schillers, der ein Sohn seiner Zeit war, von den »Räubern« angefangen bis zu dem »Wallenstein« und dem »Tell«. Was im Jahre 1804 in der Nationalversammlung zu Paris ein Herr Francois de Neufchateau zu Napoleon, besser gesagt, zu Bonaparte sprach, träfe ebenso auch Goethe: »Bürger, erster Konsul, Sie gründen eine neue Zeit, aber Sie müssen es für die Ewigkeit tun. Der Glanz ist nichts ohne die Dauer. Wir können kaum daran zweifeln, daß dieser große Gedanke Sie nicht schon beschäftigt hat, denn Ihr Schöpfergeist umfaßt alles und vergißt nichts … Sie können die Zeit fesseln, die Ereignisse beherrschen, die Ehrgeizigen entwaffnen, ganz Frankreich beruhigen, wenn Sie ihm Institutionen geben, die Ihren Bau befestigen und *den Kindern erhalten, was Sie für die Väter getan haben«.*

Dieser Geist des Konservativen spricht aus dem Werke des Franzosen, das uns jetzt vorliegt. Es sei gleich gesagt, es ist kein Werk ersten Ranges, aber es ist eines, daß in seiner Art einen hohen Rang einnimmt und das den Deutschen viel geben kann, da es aus einer Geistesrichtung gewachsen ist, die in Deutschland stets verstanden wurde, der Liebe zur Scholle, der Treue zu sich und von hier aus auch aus der Treue zum Vaterland. Wer der Schöpfer ist, ob er jung, ehrgeizig oder ehrmüde ist, ob er sich nach Unerreichbarem sehnt oder am Gegebenen sich genügen läßt, ob er gesund ist oder leidend, wird aus dem umfangreichen Roman nicht offenbar. Bei den Werken der Proust, Radiguet, Duhamel kann man die Hand sehen, die die Linien zeichnet, und aus den Konturen der Hand ahnt man das Gesicht, den Gang, die Gesinnung der Männer, bei einem, Radiguet, fühlt man sogar den ganz singulären, einzigartigen Duft, der das körperliche und seelische Sein des todumwehten Jünglings umgibt – nichts davon bei Chateaubriant. Dafür aber der Duft des Landes, sein Licht, seine Pflanzen, seine Tiere und ihre Rufe bei Tag und Nacht. Es ist ein Roman über dem Selbstverständlichen, also ein Buch der Abenteuer, ein Werk seltsamer, schwerer, erdgebundener Begebenheiten, wie sie schon der Titel »Schwarzes Land« andeutet. Schweres Land, schweres Leben, schwere Seelen. Ein alter Mann der Held, Flurwächter, gutes und böses Gewissen der Landschaft, strenger Vater, harter Gatte, starkes, mutiges, unzerreißbares Herz. Herrlich leibhaftig die Landschaft, die große Mutter der wortarmen Menschen, die mit tausend Stimmen spricht, die unnachahmlich wiedergegeben werden. Schlamm, Schilf, Salzseen, Torf, Heide, Moor. »An ihnen vorüber zogen die falben Weiten der Weideplätze, nackt wie die Wüste, dünn bestanden, verbrannt und baumlos; vorüber zogen ein paar sich scharf abzeichnende Sträuße Stechginster, dann Himmel, die aussahen wie Torfbündel – und schon tauchten weiter unten im Dunst verschwimmender Gemarken einige hellgelbe Flecken auf: das schilfumzäunte Dschungel der Brière.« Mitten in diesem uferlosen, weitverlorenen Gelände gibt es aber versteinertes Holz, das man »Mortas« nennt. »Auf den Uferrändern reckte manchmal ein großer, ausgedörrter Körper Reste von ungeheuren Armen zum Himmel empor; es war ein Mortas; köstlich einsam lag er im Torfmoor – war es Eiche, war es Buche? –, lag dort wohl schon seine zweitausend Jahre, dieser Stamm aus der Urzeit mit dem Herzen, das schwärzer war und härter als Ebenholz. Überall wogte das Schilf, die Heimat der wilden Vögel, dann und wann blinkten bleiche Weiher aus diesem Dschungel hervor, dann tauchen neue Inselchen auf, neues Röhricht schießt empor, es erscheinen andere Gewässer, und so scheint die Brière kein Ende zu haben, scheint weiter zu reichen bis zu den letzten Nebeln unter der ungeheuren Kuppel der Atmosphäre...« Mit gemessener Sachlichkeit, mit gewaltigem Ernst erfaßt Chateaubriant die Landschaft von innen: Er macht das Kleine groß, den alten Flurhüter Aoustin, den Helden des Buches, macht er zum Helden, er richtet ihn nicht, er zeichnet ihn nur in seiner ganzen Düsterkeit, seiner wortlosen, erschütternden Stärke, an der sich die ganze neue Zeit bricht. Paris gegen die Brière, das ist dieses Buch »Schwarzes Land«. Jugend gegen Alter, Fülle gegen Starre, Bleibendes gegen Blühendes. Denn Aoustin ist nichts anders als ein Stück versteinerten Seelenholzes, das unzerstörbar, unmenschlich und siegreich gegen alles, selbst gegen das eigene Herz hineinragt in die fremde Welt. Wenn dieser Mann durch menschliche Feindschaft den rechten Arm verliert und das Amt des Feldhüters, Feld-Herren verliert, wenn er in seiner Hütte gott- und menschenverlassen hockt, halb wie ein verwundeter Raubvogel, halb als trotzendes unzerbrechbares Stück Leben, wenn er dann aus einem Stück Mortas sich das innerste, härteste Kernstück herausmeißelt mit dem gesunden Arm, wenn er mit Seilen den Block aus seiner Höhle zerrt, bis die Knochen im dürren Leibe krachen, der Schweiß über die niedrige, harte Stirne strömt, bis er endlich die Materie überwindet und eine neue Hand sich aus dem Boden seiner Heimat schnitzt, so ist da ein Stück Wirklichkeit und ein Stück Dichtung zugleich, ein herrliches Stück Leben, vergleichbar von weitem den unsterblichen Schilderungen der Ilias über das Werden des Schildes des Achill.

Hier ist kein Als-ob, hier ist Strenge, Gewißheit, ruhige Übermacht. Das junge, liebreizende Töchterchen des Helden zerbricht, alles stürzt, geht hinab, der Alte bleibt, kennt keinen andern Gott über sich als den Tod, das natürliche Ende. So wie der Mortas das natürliche Symbol des Werkes ist, so ist Aoustin das lebendige Symbol des oft totgesagten Frankreich. In diesem Sinne wird das Werk seine Bedeutung nicht verlieren, und für sein Land wird es, wenn auch in beschränktem Maße, zu dem Bleibenden gehören.

Jack London, König Alkohol

Eines der unheimlichsten Bücher, die in den letzten zehn Jahren erschienen sind, ist Jack Londons jetzt erst in deutscher Übertragung zugänglich gemachter *autobiographischer Roman* »König Alkohol«. Die Bezeichnung autobiographischer Roman darf nicht wörtlich genommen werden. Was an dem Werke autobiographisch ist, das ist nicht romanhaft und kann es nicht sein, und wenn man andererseits unter Roman das gestaltete, in feste Formen gegossene Erlebnis versteht, kommt das Buch Londons schon deshalb nicht in Betracht, weil ihm jede Form fehlt. Es ist nicht »gebaut«, kaum richtig erzählt, kaum chronologisch geordnet. Trotzdem ein Werk, das man an jeder Seite aufschlagen kann und vom blutigsten, erschüttertsten, wahrsten Leben erfüllt finden wird. Es ist ungleichmäßig, wie die Tage des Lebens, die sich nicht gleichen, tief und seicht, ewig und phrasenhaft, klar und wirr – aber Leben ist es, denn dieser Jack London hat einen selbst im Kitschigen bezwingenden Gehalt an echtem Fleisch, echter Seele, echter Bitterkeit, echtem Traum und echter Realität. Eine ähnliche, in sich widerspruchsvolle Mischung wird man in der deutschen Literatur möglicherweise in den Gefühlsorgien der jungen Stürmer und Dränger zu Goethes Frühzeit finden, aber auch in diese Gattung gehört es nicht, denn es schreibt dieses Buch ein Mann, der dem bitteren, illusionslosen Leben schon jahrzehntelang ins Auge gesehen hat, dem der Erfolg nicht versagt geblieben ist und der daher das Metaphysische nie auf Kosten des Realen und Positiven hervorheben wird.

Was Jack London, der gewaltige Dichter des »Schrei der Wildnis« hier wollte, ist ziemlich klar zu sehen: ein Tendenzbuch gegen den Alkohol, um den freien Verkauf des Alkohols an jugendliche Individuen, an beeinflußbare, schwache Seelen und starke Muskelnaturen verbieten zu lassen. Dies ist gelungen. Das heute über Nordamerika ausgedehnte Alkoholverbot, die Prohibition, ist die unmittelbare Folge dieses Buches gewesen. Aber mit dieser heute auch in Deutschland aktuellen Tat ist die Bedeutung des Werkes durchaus nicht erschöpft. Denn, während London den Alkohol bekämpft, verflucht, verabscheut und mit dem Speichel einer geradezu persönlichen Wut bespritzt, erliegt er noch im Schreiben dem Gifte, er umarmt es, liebend wie ein Mann, er läßt sich von ihm tragen, wie ein Zweidecker von der Explosivkraft des Benzins oder Alkohols – im Motor, er wirft dem Gifte nicht mehr vor, es hätte ihm alles Lebenswerte genommen, sondern er dankt ihm, huldigt ihm ritterlich, beugt sein Knie, und wenn ein Amerikaner, ein Selfmademan, ein zu Ruhm und Reichtum gelangter Schriftsteller von europäischer Bedeutung *beten* kann, dann betet dieser hier, Jack London, zum Alkohol. Jack London spricht von vielen Trinkern, man hört ihn aber nur von sich sprechen, und das ist gut so. Durch den gewollten, den zur Bekräftigung der soziologischen Tendenz zusammengerafften Schwall von Erlebnissen, Gedanken, Todesängsten und himmlischen Räuschen, tierischen Räuschen, durch das ganze chaotische Gewitter von gewolltem Leben und gemußtem Leben kommt plötzlich eine Seite bedrucktes Papier, auf der das menschliche Herz bloßliegt, blüht, blutet, unbeschreiblich, bezaubernd und ganz einfach in seiner Wahrhaftigkeit.

Es ist ein Buch von einem Mann und ist ein Buch für Männer. Weich wird der Dichter nur dann, wenn er von Männern spricht, von jungen Seeleuten, die das Heimweh nach der Mutter im Alkohol ersäufen, von Kameraden, Seeräubern oder Austernräubern wie er selbst: »Je mehr ich dies Leben kennenlernte«, schreibt er, »desto begeisterter war ich von ihm. Nie werde ich die Glückseligkeit vergessen, als ich in der ersten Nacht an einem gemeinsamen Zug an Bord der ›Annie‹ teilnahm, mit rauhen, großen und unerschrockenen Männern, alten Hafenratten, von denen mehr als eine schon im Zuchthaus gesessen hatte und die alle auf gespanntem Fuße mit dem Gesetz standen und das Gefängnis verdienten.« Nun erzählt er eine herrliche kleine Biographie nach der andren und schließt die herrlichste und kleinste mit den Worten: »Er war zwanzig Jahre alt und hatte den Körper eines Herkules. Als er einige Jahre später in Benicia erschossen wurde, sagte der Totenbeschauer, er sei der breitschultrigste Mann, den er je auf dem Brett habe liegen sehen.« Das ist ganz Jack London, aber das ist auch ganz Amerika.

Ich nannte den Mann ritterlich gegen seinen Todfeind, gegen seinen Todfreund Alkohol. Er vertritt das ritterliche Amerika gegen das kommerzielle, die Prärie gegen Broadway. Denn Jack

London ist der wahre Mann; seiner innersten Natur nach ist er der tätige, schaffende Bauer, der trotz allem aufbauende Kolonist und Pflanzer, der sich freudig und stolz in einem herrlichen, biblischen Kapitel der fünfzigtausend Eukalyptusbäume rühmt, die er sich zum ewigen Gedächtnis auf dem Hügel seines Landgutes gepflanzt hat. »La Motte pflügte den Boden, legte Fischteiche an, wurde von der Erde überwunden und zog fort, und für ein kurzes Weilchen taucht mein Name auf. Neben La Mottes Obstbäumen und Weinstöcken, neben seinem stolzen Hause und seinen Fischteichen habe ich mich selbst eingeschrieben mit fünfzigtausend Eukalyptusbäumen...« Ritterlich, dankbar also auch gegen den Boden, den er bebaut, ritterlich, dankbar gegen das Schicksal: »Bloß nur mein unendliches, unbedingtes Glück, mein gnädiges Geschick, meine gütige Vorsehung«, sagt dieser auf dem wüsten Meer des Alkohols umhergetriebene Odysseus, »brachte mich unversehrt durch das Fegefeuer des Alkohols, mein Leben, meine Laufbahn, meine Lebensfreude sind nicht vernichtet.« An solchen Stellen ist von der Tendenz gegen den Alkohol nichts mehr geblieben. Hier widerspricht sich Jack London, und er weiß, er begreift mit seinem klaren, »weißen« Verstande, daß er sich widerspricht. Er gibt daher das Wort weiter, er verzichtet, für seine Person und für das ganze Geschlecht auf das Recht zu einer Entscheidung. Hier wird er prophetisch und nimmt schon so viele Jahre vor dem Kriege die unerbittliche Entwicklung voraus. Er, der kampffreudige, lebensstrotzende Amerikaner erwähnt das Wort: »Nie wieder Krieg!«, das ein Überlebender aus den alten Indianerkriegen und nicht ein nervenschwacher, westeuropäischer Pazifist geprägt hat, und er gibt, noch bedeutsamer, den Stab der Macht vom Manne weiter an die Frau. »Die Frauen sind die wahren Erhalter der Rasse. Die Männer sind die Vernichter, die Abenteurer und Spieler, und schließlich müssen die Frauen sie retten...« Das ist das Wertvolle, das Bleibende an diesem Buche. Keine Theorie, sondern blutiges Leben und aus diesem Leben heraus Bescheidenheit, Mut, Dankbarkeit. Wie unnachahmlich sich dies alles in einer einzigen Seite mischt, mögen folgende Zeilen des Schlußkapitels beleuchten: »Lag ich zum Beispiel auf meinem Deckstuhl, las oder unterhielt ich mich mit andern, so weckte jede Erwähnung irgendeines Teiles der Welt sofort die Erinnerung an Trinken und gute Kameraden in mir. Große Tage, Nächte und Augenblicke tauchten in mir auf. ›Venedig‹ starrt mir von einer bedruckten Seite entgegen, und ich erinnere mich der Cafetische auf den Bürgersteigen. ›Die Schlacht von Santiago‹ – und ich: ›Ja, ich war dabei!‹ Aber ich sehe nicht den Walplatz vor mir, nicht den Kettleberg oder den Friedensbaum. Was ich sehe, ist das Café Venus an der Plaza von Santiago, wo ich eine bewegte Nacht hindurch mit einem sterbenden Trinksüchtigen sprach und trank.«

Klaus Mann, der fromme Tanz

»Ich zolle der allgemeinen Autorenschwäche meinen Tribut – und wende mich an den Leser. Man tut dies meistens, um sich die Gunst und das Wohlwollen...« So beginnt nicht der junge Klaus Mann, sondern der große Leo Tolstoi die ersten Einleitungsworte seines herrlichen Buches: Jugenderinnerungen: Kindheit, Knabenalter und Jünglingsjahre. Selten hat sich die Neigung des großen Mannes, sich an den kleinen, namenlosen Leser anzunähern, unverhüllter dokumentiert als in den erwähnten Einleitungsworten, die kein Werk weniger nötig hat als dieses, vielleicht das reinste, lebensechteste Tolstois, in dem die Erde des Lebens schon Nahrung wird, bevor sie noch zur Getreideähre, zum Mehl und Brot geworden ist. Unverbrauchter Urstoff des Lebens mühelos aneinandergebunden, den herben, aromatischen, durch nichts anderes ersetzbaren Duft der Erdkrume ausstrahlend, ausatmend, derselben Erde, die unser Ende ist und unser Anfang, in andern, neueren Geschlechtern ... Weshalb wirbt dann der große Erdenmeister Tolstoi, der unvergängliche, um den Leser, der eine solche Bitte nicht erwartet? »Jeder aufrichtig ausgesprochene Gedanke, so kompliziert er auch sein mag«, sagt Tolstoi, »jedes mit Deutlichkeit wiedergegebene Phantasieprodukt, so sinnlos es auch sein mag, muß Widerhall in irgendeinem Herzen finden. Wenn es in einem Kopfe entstehen konnte, so muß es unbedingt auch einen zweiten geben, der es verstehen wird. Darum muß jedes Werk gefallen, aber nicht in seinem ganzen Umfange und nicht bloß *einem* Menschen...«

Was man bei dem Großmeister erschütternd findet, rührend wirkt es, dieses Bitten um Gunst, bei dem jungen Sohne des Thomas Mann, Klaus Mann, dessen umfangreicher Roman: »Der fromme Tanz, das Abenteuerbuch einer Jugend« jetzt in einer schön gedruckten Ausgabe des trefflichen Hamburger Verlegers Enoch vorliegt. Wie Tolstoi wirbt er persönlich um seinen Leser, und wenn Tolstoi hofft, es werde außer ihm doch noch *eine* Menschenseele finden, der sein Werk gefällt, beginnt Klaus Mann damit, seinen Zweifel auszusprechen, ob sich ein »guter« Leser finden wird, ja, der Zweifel setzt noch einen Augenblick früher ein, denn er stellt die Berechtigung des Autors selbst in Frage, ein Buch zu schreiben wie dieses. »Zuweilen will es mir beinahe vorkommen«, sagt er, »als sei es an sich und von vornherein schon ein Zeichen von Rückständigkeit und Melancholie, als junger Mensch heute überhaupt noch Bücher zu schreiben. Das Interesse für Literatur bei der Jugend darf länger nicht überschätzt werden. Ich glaube, daß sich nur bei Vereinzelten noch Enthusiasmus für die Wichtigkeit und Notwendigkeit des Buches findet. Andere Dinge sind es, die im Vordergrunde stehen ... Vielleicht soll das Pathos und das Problem dieser fragwürdigsten und hoffnungsseligsten ›Nachkriegsjugend‹ überhaupt nicht gestaltet, nicht geformt und durch das Werk verewigt werden. Vielleicht hat diese Generation kein für sie eigentlich charakteristisches Werk bis heute hervorgebracht, aus dem einfachen Grunde, weil, allem Anschein zum Trotz, kein Bedürfnis in ihr ist nach einem Werk.«

Hier ist zweierlei möglich: Entweder meint Klaus Mann, der Generation, die er meint, fehle das Bedürfnis, sich darzustellen, oder er meint, es fehle ihr das Bedürfnis, sich dargestellt zu sehen. Die eine Frage ist die Frage der Auflage und des persönliches Aufsehen erregenden Erfolges, die andere Frage ist die des Zwanges zur Darstellung, eines Zwanges, den man früher oft mit dem Zeugungsdrang verglichen hat, und der, wie dieser, im Augenblick seiner stärksten Entflammung nicht auf die »Folgen« bedacht ist, sondern der sich nur wie eine im Kreisen befindliche Feuerwerkskugel strahlend und sternartig versprühend zu Ende leben will, wenn auch unter Zerstörung seiner selbst. Gerade das Selbstfeindliche, um nicht zu sagen, Selbstmörderische ist allen sogenannten »jungen« Generationen eigen, und man sieht es selbst bei dem glückgesegneten Goethe nach den ersten spielerischen Gedichten beim »Werther«. Dieses Werthertum war eine Goethe eigene Lebensform. Eine nur von vielen. Aber eine, die sich im Werk bis zum letzten zu Ende lebte, daß viele Menschen, wie zum Beispiel Napoleon, im weimarischen Jupiter-Goethe nur die sterblichen Überreste des Dichters eines »Werthers« sehen mochten. Für sie war die Gleichung: Goethe ist gleich Werther bestimmend. Um sich darüber klar zu werden, ob es den Autor mehr nach Selbstentfaltung, Selbstverherrlichung, Selbstverewigung und Selbstvernichtung verlangt oder ob es ihn mehr dazu treibt, ein »vitales« Bedürfnis im

Lesepublikum zu befriedigen, nimmt man das Buch zu Hilfe. Aber je länger man liest und sich der natürlichen Anziehungskraft des Werkes hingeben will, desto deutlicher wird, daß dieses Werk nicht genügt, um sich über diese Grund- und Kardinalfrage klar zu werden. Wir können nicht sagen, ob dieser »fromme Tanz« nur Repräsentationswerk einer sich selbst zu ihrem Unheil nur zu oft und gar zu nahe spiegelnden Generation ist oder ob diese Abenteuer einer Jugend aus dem Streben kommen, sich selbst zu erleben und sich, wenn auch die Kraft zur Selbstdurchdringung (die immer Selbstzerstörung ist) fehlt, wenigstens zu enthüllen und körperlich-geistig zu entkleiden. Mein Gefühl geht eher dahin, daß es dem jungen Klaus Mann ernst um seine Aufgabe gewesen ist und daß er auf jeden Fall sein übervolles Herz mitbringt. Was echt ist, was nicht, was für die Zukunft Gültigkeit hat oder was von innen heraus verfallen wird und muß, wer will es bei einem jungen Menschen, nicht nur dieser Nachkriegsgeneration, sondern bei jeder jungen Generation entscheiden, solange jedes junge Wort einen Zauber hat, dem man sich nicht gern verschließt? Man erinnert sich einer anderen Beichte, eines anderen frommen Tanzes, die einer der herrlichsten, freudig-wehmütigsten Geister ausgesprochen hat, sein Ohr an sein Herz gepreßt, als Beichtvater seiner selbst, es ist die »Beichte eines Kindes seiner Zeit« von Alfred de Musset. Auch hier die Klage über die verlorenen, von Krieg und Wirrnis beschatteten Jugendjahre, die bittere Wirklichkeit, der großen gesunden Väter, der kranken schwachen Kinder, die dem kleinen huschenden, verflogenen Traum nachweinen. Man wird dem Buche des Klaus Mann am ehesten gerecht, wenn man es nimmt, als das, was es ist, nicht als das, wofür es sich gibt. Nichts von frommem Tanz ohne Frömmigkeit! Nichts von Abenteuer einer Jugend ohne ein einziges echtes Abenteuer. Denn was ist Abenteuer? Doch nichts anderes als von sich lassen, wegreisen von sich, sich hingeben, Orient, Gefahr, Sturz durch die soziale Stufenleiter oder eine Fahrt den Nil herauf, die tote Heimat im Rücken, wie beim jungen Flaubert oder wie bei Tolstoi, die Reiterlaufbahn, wüstes Leben als Offizier, oder bei Balzac die hungrigen ehrgeizigen Tage in seiner Dachkammer bei Brot und Wasser, aber schon unter der künstlichen Sonne des Ruhmes, ein Corneille zu werden und Berater der Fürsten. Hier bei Klaus Mann ist nichts vom hohen Flug des Menschengeistes, der willig den Boden zu seinen Füßen abstößt. Wenn dagegen etwas für dieses Werk charakteristisch ist, so ist es das Suchen nach seelischer Bestimmung, nach dem Sinn, es ist also, wenn man schon die alte Einteilung nicht verlassen will, kein Abenteuerroman, sondern ein Entwicklungsroman.

Der Inhalt ist folgender: Ein junger Mensch, Maler ohne besonders große Fähigkeiten, in seinem Gefühl homosexuell, aber nicht auf die heterosexuelle Liebe verzichtend, verläßt das Haus des Vaters, die Nähe der Braut, seine Heimatstadt und seinen Beruf, um sich in anderen Lebensumständen wiederzufinden. Das ist das Grundgewebe, auf dem sich die Zeichnungen der Nebenfiguren abheben. Diese scheinen besser geglückt als der Held, von dem entweder zu viel oder zu wenig gebracht wird. Deutlich werden zwei junge Männer, einer, den unser Held liebt, einer, von dem er geliebt wird. Hier ist offenbare Begabung zur Charakterisierung nicht zu verkennen. Besonders die Figur des Niels in ihrer unnahbaren Glätte, die aus dem widerwärtigsten Schmutz ohne sichtbare Flecken hervorgeht, bezeugt dies mit Sicherheit. Auch in den besinnlichen Teilen des Romans finden sich Stellen, die weiterführen. Denn es muß etwas weitergeführt werden. Die bloße Tatsache der homosexuellen Beziehungen zwischen drei oder dreißig jungen Männern »von 15-20 Jahren« erregen weder Spannung noch bieten sie besondere Möglichkeit zu dichterischer Entfaltung. Tragisch wirkt das Problem der Homosexualität erst dann, wenn es sich bewußt gegen die Gesellschaft stellt, etwa bei Balzac in seiner Männerehe Vautrin Rubempré, oder wenn die Lebensinteressen einer Gemeinschaft durch die Sterilität alles Homosexuellen bedroht würde. Hier bei Klaus Mann wird diese Unart zu ernst genommen. Die Formen, unter denen sie sich abspielt, sind die einer höflichen Prostitution. Das Furchtbare dieser urbanen Formen im Gegensatz zu dem wenig furchtbaren, weil Gewohnheitsmäßigen, eben nur Unartigen des Gegenstandes, ist dem Autor kaum zu Bewußtsein gekommen. Wenn man irgendwo die Kriegsfolgen sieht, so hier, in der Selbstverständlichkeit und der Unverhülltheit dieses Liebesmarktes, Gefühlskommunismus. Es ist ein gutes Zeichen bei dem Autor, daß er über das Selbstverständliche, also über das Banale und sogar schon kitschig und gefällig gewordene dieser Beziehungen herauswächst, und in diesem Sinn möchte ich noch eine Stelle des Buches zitieren. »Dies Lächeln verstand: Vereinigung mit dem geliebten Körper ist uns niemals gegeben, des Menschen Körper ist alleine für alle Ewigkeit. Blieb aber diese Liebe, die also auf des Geliebten Besitz verzichtet hatte, groß genug, so konnte sie vielleicht dem geliebten Körper helfen in seiner Einsamkeit. Das war mehr, als sich sagen ließ ... So galt es, einen zu finden, dem man alles gab, ohne ihn zu besitzen, dem man helfend treu blieb bis zum Tod, ohne ihn zu besitzen...«

Dies ist aber der Standpunkt des Liebenden nicht mehr, sondern der des Erziehers. In diesem Sinne einer großen Erziehungswelle, die man in Amerika »Education« als Sammelbegriff nennt, wird in den Vereinigten Staaten vieles neu geschaffen.

Anton Tschechow, Der schwarze Mönch

Ein berühmter russischer Schriftsteller hat das Wort geprägt: Wir kommen alle aus Gogols Mantel. Herrlich das Wort; herrlicher, über den tiefen Sinn dieses Wortes hinaus, die leibhaftige Vorstellung, wie aus den Falten des Mantels, des in seiner Demut berühmten, des in seiner Dürftigkeit unnachahmlich schönen Gewandes, wie aus den Falten dieses trésor des pauvres heraus die unzähligen Figuren der russischen Dichter steigen, nicht nur aus dem pelzbesetzten rauhen Stoffe sich entwirren, sondern auch aus dem Halsausschnitt des Mantels frei emporwehen und anderen sich zugesellen, die aus den Fußsäumen hervorgleiten und aus den breit und schräg angehefteten Taschen herabfallen. Alle diese Gestalten in der Fülle der unnachahmlich stolzen Demut, der herrischen Sklavennatur, wie sie vielen Figuren und Seelen dieses gestaltenreichsten Volkes bewohnter Erde eigen ist.

Wie aber versteht man den Sinn des Wortes? Was ist der Mantel? Ist es etwas Einmaliges, einmalig für den Dichter, einmalig für den Leser, einmalig für die Nation? Ist je in historischem Sinne die Zeit dagewesen, da man die Russen das Volk der Akaki Akakiewitsch nennen konnte? Ist denn dieser Mantel ganz von russischen Händen zugeschnitten, entworfen, geheftet und genäht, sind seine Säume, um besseren schärferen Kniff zu gewinnen, sämtlich durch die niedrigen, eher sand- als elfenbeinfarbenen Zähne des nationalen Verfassers gezogen worden?

Immer bleibt es schwierig, so sehr bezeichnend auch die künstlerischen Leistungen für eine Nation sein sollen, den gerechten Anteil der *Nation* an dem einmaligen Kunstwerk zu bemessen. A posteriori will man alle Eigenheiten der großen, volksmäßigen Gesamtheit mit mikroskopischer Genauigkeit den großen, »repräsentativen« Kunstwerken der Nationen anmerken: A priori aber sind die Charakterisierungen schon weniger mikroskopisch, weniger sicher und weniger voll von unbedingtem Eigenlob. Alle völkischen Propheten wollen Historiker sein, Richter und Dichter; keiner aber Seher und Künder.

Sicher ist, daß Gogols Mantel einer ganzen auch heute noch nicht abgeschlossenen literarischen Epoche den Stempel aufgedrückt hat: Zum erstenmal war es ein »Mühseliger und Beladener«, ein kleiner Held, ein namenloser, ein bürgerlich gekreuzigter, ein winziger Christus hinter dem Aktentisch. Vielleicht nur christlich, und nicht Christus – ein aus dem Komischen ins Tragische, aus dem Heroischen ins Groteske gewendeter Mensch, ein leidender und doch lächerlicher Mensch. Dies ist das Neue, dies das Bleibende.

Zum erstenmal ist das Kleine, das lächerlich Reale, die »Rangklasse«, groß gesehen, mit allem Ernst angefaßt, und *in diesem Ernst* liegt seine Güte. Dieser Ernst hebt auch das »Zauberische« in dem »Mantel« aus dem einfach Phantastischen, dem E. T. A.-Hoffmannartigen in eine andere Sphäre.

Dieser neuen, eigenartig russischen, realen, greifbaren, rauhen Phantastik sind die späteren russischen Meister nicht alle treu geblieben, wohl aber dem Ernst, der Würdigung des Kleinen und Kleinsten. Daher ihre Liebe zur Natur, keine Liebe zur heroischen Natur, wie sie selbst Stifter nicht verleugnet (Wüste im »Abdias«, Schneesturm und Hochwasserkatastrophe in der »Mappe meines Urgroßvaters«), sondern es zieht auch die Naturliebe der Russen das Kleine, das Alltägliche vor, der Russe beugt sich auch nicht vor der Natur, noch auch scheut er sie, sondern er sieht, vielleicht als der erste in der Weltliteratur, in der Natur etwas Lebendes, weil Leidendes.

Von Gogol zu Tschechow ein weiter Weg, aber doch einer. Von Gogol, dem Negerblütigen, Urrussischen zu Tschechow, dem Westeuropäischen, »Angekränkelten« – oder darf man sich einmal erlauben, das Russische nicht als Quell ewiger Gesundheit und Jugendfrische, das Europäische nicht als Pandorabüchse aller Leiden, Verirrungen und Laster zu sehen? Einerlei, Tschechow liegt an der westlichen Grenze Rußlands, wie Gogol in dessen asiatischem Zentrum.

Man muß dem Wiener Verlag Zsolnay dankbar sein dafür, daß er uns in dem Bande »Der schwarze Mönch« ein Werk Tschechows zugänglich gemacht hat, das uns diesen Dichter von einer neuen, eben der phantastischen Seite zeigt, einer Seite, die nicht für ihn so sehr bezeichnend ist wie für die Nation, aus der er hervorgegangen und in die er eingegangen ist, für immer, wie wir glauben. Zwar: welcher Schätzung er sich in dem jetzigen leninistischen Rußland erfreut, ist mir nicht bekannt. Möglicherweise keiner außerordentlichen, denn das Bürgerliche, geben wir sogar zu, das Kleinbürgerliche verleugnet sich bei Tschechow nie. Und doch! Welche Weite, welch ein Herz, welch eine Fülle! Auch das Phantastische ist bei ihm kleinbürgerlich, vorsichtig, zart, es schlägt die Augen scheu auf und macht sich nichts wissen, darin liegt seine scheue, seine verhaltene, phrasenlose, »gedeckte «, eben kleinbürgerliche Liebe. In der Hauptnovelle des Bandes, in der Titelnovelle, kommt ein Gespenst vor, ein Schemen, romantisch in die Tracht eines Mönches gekleidet. Es erscheint nicht wie aus einer Gewitterwolke, einer geisterbleichen, in die schemenhafte Seelenverfassung eines auf immer vereinsamten Menschen hinabgeschauert, wie Maupassants »Horla«; sondern es kommt, freundlich eher als feindselig, mehr begütigend als drohend mitten in ein Liebesidyll; unter den Schatten von blühenden Obstbäumen duckt es sich, im Dunstkreise an Spalieren prachtvoll reifender Pfirsiche entfaltet es sich, ein Gespenst, sicherlich, aber nicht die Ankündigung von Tod und Verderben auf den papierfarbenen Lippen tragend, sondern sich ohne Gewaltsamkeit dem Leben angleichend; ein Spiegelbild, sicherlich, aber nicht das des ewig isolierten einzelnen, sondern eher ein Zeugnis dessen, daß der Mensch nie allein sei. »Hinter den Fichten eines Gutsparkes kommt es hervor, lautlos ohne das leiseste Geräusch. Ein Mann von mittlerem Wuchse, mit unbedecktem grauem Haupt, ganz in Schwarz, barfuß, ähnlich einem Bettler. Auf seinem bleichen Gesichte zeichneten sich scharf schwarze Augenbrauen ab. Dieser Bettler oder Sonderling nickte freundlich, kam lautlos zur Bank und setzte sich. Kowrin erkannte in ihm den schwarzen Mönch. Eine Minute lang betrachteten beide einander. Kowrin erstaunt, der Mönch zärtlich, von Zeit zu Zeit ein bißchen listig, mit einem Ausdruck von Selbstzufriedenheit. ›Aber du bist doch ein Spiegelbild‹, sprach Kowrin, ›warum bist du hier und sitzest an dieser Stelle? Das paßt nicht zur Legende.‹« Hier zeigt sich der Faden, noch von dem Gewebe, woraus Gogols Mantel gearbeitet. Das Nicht-zur-Legende-Passen, das Irdischsein und himmlisch zugleich, das Leiden und Lächerlichsein in einem.

Man muß diese zarte, ganz mit erdhaften und doch nirgends wirklich faßbaren Farben gemalte Schilderung eines blühenden Obstgartens mit seinem ganzen Überfluß an Früchten, Raupen und zusammengedrängter, duftender Schwüle ganz in sich aufgenommen haben, um das tief Gespenstige dieses kleinen, geduckten, jenseitigen Gastes nachzufühlen. Und dann ein Stück Leben, ein Stück Rußland von 1900 oder 1910. Was ist? Was bleibt? Der Garten bleibt nicht, nicht die Schwüle der Nachtluft im Pfirsichblütenduft, nicht die Jugend, die seelenhafte, unversiegliche. Alter, Enttäuschung, Wirklichkeit, Sorgen und Mühen, die ganze Schwere des Daseins, die komische Tragik des Kleinbürgerlichen wird von Tschechow wie eine erst wegzuwehende, dann aber immer schwerere Wolkenschicht darübergeschoben. In den alltäglichen Gang eines bürgerlichen Schicksals begleitet der schwarze Mönch seinen Helden, ohne von ihm zu weichen, sein alter ego, das heißt sein Gegen-Ich, sein metaphysisches Teil, die Verkündigung seiner »wirklichen«, seiner bleibenden, seiner seligen, weil göttlich anerkannten Existenz.

Auch in der zweiten Erzählung des Bandes der Kampf zweier »Ich«. In der ersten Erzählung war es der Kampf zwischen dem irdischen und dem bleibenden Ich, in der zweiten Erzählung ist es der Kampf zwischen dem Besseren und Schlimmeren, zwischen dem Echteren und dem Sittlicheren. Hier ist nichts mehr von Mönchen: freilich auch nichts mehr von blühenden Obstgärten. Keine Jugend mehr und keine Illusion, nur noch Wirklichkeit. Aber welche Wirklichkeit! Welch ein Leiden, welch eine Lächerlichkeit! Welche Mißverständnisse zwischen dem guten Wollen und dem bösen Wirken. Wie hier ein liebender Mann mit den Augen der hassenden Frau gesehen ist und sich bis in die innersten Herzensfalten entschleiert, wie hier eine hassende Frau mit den liebenden Augen eines alternden Mannes gesehen wird – es schauert einen, wenn man es liest. Manche Seiten sind mit solcher Größe, solcher Schlichtheit geschrieben, daß sie als persönliche Konfession des lebenden Dichters wirken. Dieser Paul, diese Natalie sind Heilige, wenn das Leiden den Heiligen macht, leidend sind sie und lächerlich zugleich. Wahr vor allem und unvergeßlich für jeden, der sie gesehen hat und sich selbst in ihnen.

Rahel Sanzara, Das verlorene Kind

Es handelt sich um einen Roman, »Das verlorene Kind«. Es ist das einzige Dokument einer Begabung, die über das gewohnte Ausmaß des Fördernswerten weit hinausgeht. Man darf von diesem Werke mit der größten Nüchternheit sprechen, denn es ist so neu, so groß, daß es die klarste Tagesbeleuchtung erträgt, ohne zu verlieren. Ja, es wächst, je näher man ihm kommt, es wird tiefer, je öfter man es liest, es hat die Zeichen von Dauer, Echtheit, Wahrheit in sich. Es durchmißt die Kreise des Schauerlichsten, das es innerhalb der menschlichen Seele gibt, aber ebenso mühelos erhebt es sich zu den Bezirken menschlicher Größe, und wie es von der Hölle durch die Welt zum Himmel strebt, ist es ein Abbild des im guten wie im bösen gewaltig ausschweifenden menschlichen Wesenskernes. Kraft, Konsequenz, Hellsicht in der Gestaltung, damit ist es nicht getan. Dazu muß Weisheit kommen, Gnade der Erleuchtung und vor allem etwas mit Worten kaum zu Nennendes, sich auch im nüchternsten Tageslichte nicht ganz Entschleierndes, ein schicksalsmäßiges Glück von jener Art, die mit einer einzigen Nacht und einer einzigen Umarmung eine lange kinderlose Ehe mit Nachkommenschaft segnet. Warum diese Nacht? Warum gerade dieses Werk? Dieses schicksalsmäßige Glück heiligt hier wie dort alles Irdische. Das Gefühl »So muß es sein« wird versöhnt, es strahlt Ruhe aus mitten auf der Flucht, und der Glanz dieser Begegnung von Schicksal und Gnade wird hier wie dort so bald nicht vergehen.

Es enthält dieses Buch an Faßbarem vor allem die Geschichte eines vierzehnjährigen Mörders, Fritz Schütte, Sohn einer vergewaltigten Magd Emma, geboren und aufgewachsen auf dem Gute Treuen im nördlichen Deutschland. Ferner die Geschichte dieser Mutter des Mörders. Es enthält die Geschichte des Opfers, eines vierjährigen Kindes, Anna B., die Geschichte der Eltern, des Vaters Christian B., und die der Mutter. Für die Anekdote, die nackte Tatsache, liegt eine kurze Prozeßgeschichte aus dem neunten Bande des neuen Pitaval vor, demselben Bande, der auch den Bericht über Michael Kohlhaas bringt. In diesem Prozeßbericht wird nur des Mörders Erwähnung getan, nicht eigentlich der Tat, die kriminal-juristisch nie aufgeklärt wurde. Dieser Prozeßbericht ist mit der Urteilsfällung zu Ende, dort, wo das Buch der Sanzara eigentlich beginnt. Denn es geht der Dichterin offenbar nicht nur um die Ereignisse, nicht um die Verfolgung eines Schuldigen oder um die Rache des ruhigen und sittlichen Staates an einem verwirrten und unsittlichen Menschen, sondern es entstand eine Schöpfung, die viele Menschenleben mit ihren ganzen Wurzeln ergreift, die sie durchführt durch den Stamm bis an die Blüte, durch alle Jahreszeiten, alle Stille, alle Gewitter; aber selbst damit ist die Völligkeit dieser ineinandergewobenen Menschenseelenschöpfung nicht zu Ende. Die elementare Kraft, die psychologische Einsicht, die umfassende Liebe des Schaffenden dringt weiter zu den Urgründen des Daseins, wo dieses Dasein sich nicht mehr in Worten und Zuständen begrenzen läßt, sondern wo es zu gleicher Zeit etwas *ist* und etwas *bedeutet*. Man nennt dieses Zusammentreffen von *Sein* und *Bedeutung* mythisch. Viele solcher mythischen Stellen hat dieses Werk, und diese Stellen haben den Keim der Unsterblichkeit in sich wie diese Stellen bei Hamsun, diesem »Größten unter den Lebenden«, wie ihn ein anderer Großer genannt hat.

Da es sich bei dem »verlorenen Kinde« um eine solche Schöpfung handelt, wo kein einziger Faden vor dem Ende des Teppichs aus dem Gewebe fällt, kann man den Inhalt nicht kürzer fassen, als es die Dichterin selbst getan hat, man kann nur Stellen herausleuchten lassen mittels Überbelichtung, man kann Takte herausreißen, das Wesentliche dieses einzigartigen Buches aber wird nur das Buch selbst vermitteln können. Es ist jeder Strich mit der gleichen Liebe gesetzt, jede Einzelheit mit derselben untrüglichen Sicherheit, und daher mit der gleichen Überzeugungskraft herangeführt an die Seele des Lesers. Die Sanzara geht jeder winzigsten Erscheinung des Lebens nach, ob es atmosphärische Einzelheiten sind oder das Leben und Weben der Tiere, die praktischen Verrichtungen auf dem Bauerngute oder die offenen oder verdeckten Gesichtszüge eines Menschen, die Regungen in seinem Innern ... alles ist ebenso wichtig und wahr wie das Vorüberflattern einer Lerche an einem Zellenfenster, alles ist gleich endgültig, es wirkt nicht durch seine einzelmäßige Bedeutung, nicht durch sein moralisches

Gewicht, sondern durch die Stelle, in die es innerhalb des zeitspinnenden Teppichgewebes eingewirkt ist. Wer so dem Leben nachgeht, kann dem Tode nahekommen, wer so das Sinnliche zu umreißen imstande ist, wird, wenn überhaupt jemand, auch das Übersinnliche zwingen. In den Gesprächen des Konfuzius heißt es: »Gi Lu über das Wesen des Dienstes der Geister. Der Meister (Konfuzius) sprach: ›Wenn man noch nicht die Menschen nennen kann, wie sollte man den Geistern dienen können?‹ Dsi Lu fuhr fort: ›Darf ich wagen, nach dem Wesen des Todes zu fragen?‹ Der Meister sprach: ›Wenn man noch nicht das Leben kennt, wie sollte man den Tod kennen?‹«

Aus der östlichen Ehrfurcht der Gesinnung erwächst die keusche zurückhaltende Art dieser Dichterin, ihr völliges Abgewendetsein von dem Hervortreten ihrer Persönlichkeit, ihr fast unbegreiflicher Mangel an Eitelkeit. Aber daher bei ihr die zwingende Kraft, die Treue und das Erreichen der höchsten, Menschen unserer Zeit zugänglichen Bezirke. In dem Kommentar zu Konfuzius heißt es nun zu dieser Stelle: »Unsere Aufgabe ist es, das Erforschliche zu erforschen und das Unerforschliche ruhig zu verehren.« Die Sanzara, die als eigentlichen Helden des Buches den Vater des ermordeten Kindes Anna, den Rittergutspächter Christian B., schildert, läßt diesen verlorenen Vater, nachdem er das Erforschliche des Verbrechens nach Menschenkräften erforscht, nachdem er den Spuren seines ermordeten Kindes bis in die verstecktesten Winkel Rußlands nachgegangen ist, zur Verehrung des Unerforschlichen kommen, zu einer übermenschlichen Güte, zu einem »gewaltigen, eisigen Glück« – »es öffnete sich seine Seele, in unirdischen Kreisen, in die sein Geist sich hob, glaubte er der Seele seines entschwundenen Kindes zu begegnen, und *er fühlte sich bereit zum Letzten.*« In dieser Verfassung des Geistes betritt er das protestantische Gotteshaus, und der Prediger wählt ihm als Spruch für die Predigt die Worte Moses, 2. Buch, 33. und 34. Kapitel:

»Moses sprach zum Herrn: So laß mich deine Herrlichkeit sehen! Der Herr sagte: Wem ich aber gnädig bin, dem bin ich gnädig, und wessen ich mich erbarme, des erbarme ich mich. Und sprach weiter: *Mein Angesicht* kannst du nicht sehen, denn kein Mensch wird leben, der mich sieht. Und sprach weiter: Siehe, es ist ein Raum bei mir, da sollst du auf dem Fels stehen. Wenn dann nun meine Herrlichkeit vorübergehet, will ich dich in der Felskluft lassen stehen, und meine Hand soll ob dir halten, bis ich vorübergehe. Und wenn ich meine Hand von dir tue, wirst du mir hintennach sehen. Aber mein Angesicht kann man nicht sehen.« – Dieser Raum auf dem Felsen ist der seelische Punkt, auf dem der Held dieses Buches steht. Von hier sieht er die Unerforschlichkeit Gottes, die Schauerlichkeit und grauenhafte Schrecklichkeit der Welt, wie nur ein Halbgott sie sieht. Hier in diesem Buche kommt das Faustische nicht zu dem Ziele, das Unzulängliche zu säkularisieren, sondern es gilt, die äußersten Möglichkeiten eines im innersten Lebenskern getroffenen Mannes zu bewähren in einem großen Heroismus, sich dem Angesichte Gottes, das heißt, der Erkenntnis der Welt wissend, wollend und wirkend so weit zu nähern, als es Menschenkraft überhaupt kann. Daher die ungeheure Logik in allem, was dieser Mann tut, darin ganz gleichwertig der ungeheuren Logik dessen, was er leidet. In seinem Herrlichsten wird dieser Mann durch den Verlust des bezaubernden kleinen Wesens getroffen. In dem weichsten, gütigsten Bezirk eines arbeits- und segensreichen Daseins wird er erschüttert durch das unfaßbar erschütternde lautlose Leiden und Sterben seiner Frau – und vor allem dadurch, daß sich nach dem Verschwinden des Kindes auch nicht ein Baumblatt in der großen unbarmherzigen Welt rührt. Nur bei dem ersten Morde, dem des Kain, hat die Erde gebebt und sich gegen die Blutstropfen gesträubt, bei den späteren nicht mehr. Nur vor dem ersten Morde spricht Gott zu dem Mörder: »Warum ergrimmst du? Und warum verstellet sich deine Gebärde? Ist's nicht also? Wenn du fromm bist, bist du angenehm. Bist du aber nicht fromm, so ruhet die Sünde vor der Tür. Und nach dir hat sie Verlangen. Du aber herrsche über sie.« In dem Buche der Sanzara wird das vergossene Blut nicht an dem Mörder gerächt. Die schwerste und zugleich heiligste Last wird dem andern auferlegt, auf daß er sie beherrsche. Denn der Schicksalsgott erhebt ihn schon zu Lebzeiten zu einem übermenschlichen Dasein: »»Wie jetzt Gott hart zu mir war‹, sagt er, ›war ich auch hart zu Martha (der Frau) und den anderen Menschen. Und ich werde nie mehr, wenn es in meiner Macht steht, hart zu einem

Menschen sein, und wäre es der Mörder meines Kindes. Das Leben hat sich mir verhüllt nach langer Klarheit; vielleicht wird mein Tod schön.‹ Er hatte jetzt das Licht angezündet, und die Schwester sah ihn an. Sein Gesicht hatte fast nichts Menschliches mehr. Umhangen von dem weißen, wirren, langen Haar, war die Stirn glatt und von einem Schimmer übergossen, der sich über die schweren Augenlider bis in die Furchen der Wangen senkte und erst von dem wirren Bart aufgefangen wurde, der den bitteren, festgeschlossenen Mund verhüllte. Während seine hohe Gestalt in der Ruhe und in den Bewegungen ihre zutiefst gebrochene Kraft nun verriet, erhob sich auf seinem Gesicht die *Spannung* und *Verklärung* einer bis zum letzten gesteigerten Kraft der Seele.«

Diese bis zum letzten gesteigerte Kraft der Seele bewährt sich in der Folge der fürchterlichen Ereignisse. Der Vater des ermordeten Kindes lebt weiter. Er vertritt Vaterstelle an dem Mörder. Er scheidet seine ihm gebliebenen Kinder von sich, um sie dem bösen Schicksal um ihn zu entziehen, und er nimmt, ein Zeichen einer grandiosen Lebensbejahung, den Mörder seines Kindes, nachdem dieser seine fünfzehn Jahre Zuchthaus »verbüßt« hat, zu sich und läßt ihn bis an dessen Ende bei sich, pflegt ihn in der letzten Krankheit und nimmt ihm den Todesschweiß von der Stirn, und – dieses ist das Große, dies ist das beispielhafte Leben für sich selbst – – er tut dies alles, ohne zu fragen, ohne »bessern« zu wollen, ohne *sich selbst heilig zu sprechen.* So »unbewegt ist dieses Herz, so fest in den Händen des Unerbittlichen«.

Diese Heldengeschichte eines waffenlosen Menschen spielt in einer einfachen Landschaft, deren holde und doch auch wieder gespenstische Konturen in der schärfsten Deutlichkeit vor uns stehen bei Tag und Nacht. Sekundenschnelle Ereignisse sind uns ebenso greifbar nahe wie das Rieseln der Jahre und Jahrzehnte. Mißernte, Verdorren und Verwesen ebenso zwingend wie Segensernte, Blühen, Werden. Hier hat außer Hamsun nur Adalbert Stifter Ähnliches geschaffen. »Drei Tage und Nächte hatte im November der Sturm geweht, die Bäume kahl gefegt, den Himmel mit Wolken überzogen. Nun war alles schon lange still, die Luft klar in der Kälte, und im rötlichen Schein der Wintersonne schwebte sie über den Feldern wie Schleier aus zartem Gold, umschmiegt von dem weichen dunklen Blau des Horizontes. In den Nächten des Neumonds überzogen Wolken den Himmel, und es schneite von neuem. Die vollkommene Ruhe über der Natur war Trauer und Fest, Leben und Tod zugleich. Es schwieg der Lärm des Lebens, des Wachsens, der Geburt, und es sprach die Stille des Todes, seine erlösende Verheißung in der Nacht...« Oder eine andere Stelle: »Christian fuhr langsam zurück nach Treuen, um ihn sank der Abend auf die Erde. Er erinnerte sich jener Fahrt im Winter mit Martha, seiner Braut. Damals war es kalt gewesen, die schneebedeckte Erde hell strahlend, der Himmel aber dunkel und verborgen, und das schwarze weit geöffnete Auge seiner Frau war wie Finsternis um seine Gestalt gewesen. Jetzt war es warm, die Luft noch durchhaucht von der Sonne des Tages, der nachtblaue Himmel groß, sichtbar, schimmernd wie Glas. Die Gestirne prunkten. Die Erde aber war dunkel, verschwiegen, trächtig in sommerlicher Fülle.«

Einmal heißt es von einem alten Mann, der aus Mitleid zur Erntezeit unter das Hofgesinde des Gutes aufgenommen wird: »Er setzte den mit Mühe zum Munde geführten Becher mit zitternden Händen wieder ab und sagte, die trüben kleinen Augen ins Leere gerichtet: ›Es kann nichts verschwinden von der Erde. Was da war, kommt wieder.‹« So wird denn auch ein Werk, das in solcher Kraft und Weisheit, Fülle und Klarheit die Welt erfaßt, wie sie ist und was sie bedeutet, nicht so bald wieder verschwinden von der Erde, und dieses Buch wird, was es mir gewesen ist, auch vielen andern sein, Beweis des großen Glühenden, Schönen und Schauerlichen und Eisigen in uns, und so wird es auch an künftige Geschlechter kommen.

Paul Valéry, Herr Teste

Die großen Werke der Kunst, die den echten gültigen Stempel der Dauer an ihrer Stirn tragen, gehen aus einer gesegneten Vereinigung von Geist und Erde hervor. Diese Ehe zwischen Geist und Erde wird in einer dunklen Kapelle geschlossen, und es wird selten ganz klar, um wieviel Stufen der eine Teil höher steht und wieviel Schritte näher am Altare als der andere. Bei den großen, tiefen und dunklen Kunstwerken Valérys, die uns eben in einer schönen Übertragung geboten werden, sieht man auf den ersten Blick den Geist fast allein herrschen. Er herrscht über den Erdenrest, der ihm gegenübersteht, mit einer ruhigen, bis ins letzte ausgewogenen Gewalt, mit einer fast göttlichen Überlegenheit. Da uns, den Lesern, aber Valérys Geist doch nur durch das Medium der Erde, das heißt, nur durch geborene Gestalt und das wandelnde Leben zugänglich, verständlich und überzeugend werden kann, sieht man den Dichter immer mit dem äußersten Aufgebot von geistiger Durchdringung an der Arbeit. Er verlangt das Höchste von sich, aber auch vom Leser. Zwischen ihm, dem Schöpfer, und uns, den Schülern, kann nur die Sprache vermitteln. Daher die überlebensgroße Spannung, die grandiose elektrische Ladung, welche in diesen Werken (außer »Herr Teste« liegt noch ein von R. M. Rilke meisterhaft übersetzter Dialog »Eupalinos« vor) die Sprache auf sich zu nehmen hat. Valéry sagt selbst, daß »in diesem seltsamen Gehirn Testes, in dem die Philosophie wenig Kredit hat«, die »Sprache stets im Anklagezustand steht«. Wer also diese Werke zur Hand nimmt, darf nicht erwarten, daß sie sich ihm sofort erschließen. Im besten Falle wird der Leser in die Werke hineinwachsen, und zwar nicht wie etwa ein kleiner Junge in die Kleider seines älteren Bruders hineinwächst, sondern so wie eine Pflanze in ihren Erdgrund hineinwächst. Wer sich diese Werke zu eigen gemacht hat, ist dadurch ein anderer geworden. Dies das Siegel der höchsten Leistung, die ein schöpferischer Geist auf einem beschränkten Gebiet zu leisten imstande ist. Valéry sagt darüber: »Einen Hippogryph, einen *Chimaira der intellektuellen Mythologie* wenigstens zu umreißen, das erfordert – und entschuldigt demnach – den Gebrauch, wenn nicht die Schaffung einer erzwungenen, gelegentlich in energischer Weise abstrakten Sprache. Es erfordert zugleich eine gewisse Familiarität und geradezu einige Spuren jener Alltäglichkeit und Abgedroschenheit, die wir uns selber uns gegenüber erlauben. Der solchen besonderen Bedingungen unterstellte Text ist gewiß im Original allzu bequem zu lesen. Um so mehr muß er denen, die ihn in eine fremde Sprache übersetzen wollen, fast unübersteigbare Schwierigkeiten bieten...« Nun fragt man sich, lohnt es die Mühe, diesem Schöpfer, Valéry, und seinem Geschöpf, dem Herrn Teste, diesem vierzigjährigen Mann von außergewöhnlich schneller Sprechweise, klangloser Stimme, soldatischen Schultern und militärischem Schritt zu folgen? Doch dies ist bloß das Äußere und sagt nichts von der ungeheuren geistigen Anziehungskraft, die von Teste ausgeht. Es läßt sich schwer ergründen, worin das Neue in Valéry liegt. Was er geben will, ist eine neue Art, die Welt zu sehen, und darüber hinaus will er die rein geistigen Gesetze Testes in wirkliches Leben, das heißt in Tat und Gesinnung Testes überführen. Man hat, besonders in der französischen Literatur, eine Menge solcher neuer geistiger Gestalten, die ein neues Denksystem exemplarisch von Anfang zu Ende leben. Diderot schuf »Rameaus Neffen«, der auf Goethe stark gewirkt hat und der in sich das Wesentliche der deutschen Romantik enthält, Voltaire schuf seinen genial konzipierten, aber nicht ganz so wurzelecht durchlebten, schon satirisch unterhöhlten »Candide«, Rousseau gab sich selbst in den grandiosen, individualistischen Autobiographien, in seinen weit umfassend menschlichen Werken, die »Bekenntnisse« und »Émile« heißen, und Balzac versuchte in »Louis Lambert«, die Ehe zwischen dem Geiste Swedenborgs und der schweren, trächtigen Erde seiner tourainischen Natur zu schließen, ein brüchiges Bündnis, das, hätte es mehr Dauer und mehr absolute innere Wahrheit gehabt, an sich den Namen Balzacs für alle Zeiten unsterblich gemacht hätte. Diesen Versuchen schließt sich um 1890 Valéry mit einer ganz kurzen Prosaarbeit: »Der Abend mit Herrn Teste« an. Es ist durchaus keine Novelle, ebensowenig ein philosophisches Lehrgebäude, das Erzählerische daran ist eine ziemlich gleichgültige Umkleidung für das Gesetz der Erhaltung einer geistigen Kraft im irdischen Leben. »Es scheint Herrn Teste gelungen zu sein, geistige Gesetze zu entwickeln«, sagt der Autor, »die wir nicht kennen...« Gewiß, daß viele weitere Jahre dazu angelegt worden waren, seine Erfindungen auszureifen und daraus seine Instinkte zu machen. Finden ist nichts. Das Schwere ist, sich das Gefundene anzuverwandeln. Es handelt sich bei Herrn Teste um einen Geist, der sich, soweit menschliche Gedankenkraft imstande ist, freigemacht hat von Verlogenheit. Dieser hier lebt ein geistiges Leben aus erster Hand, kärglich manchmal, ohne Enthusiasmus, ohne Rausch, aber dafür mit dem letzten, eben noch erreichbaren Grad von Klarheit. Ein Mensch, der sein eigenes System wird, und dadurch beispielhaft für die Welt. Ein in seiner Art großer Gesetzgeber: erst einmal Gesetzgeber seines eigenen bewußten Daseins und in zweiter Linie Gesetzgeber für alle, die ihn sehen. So kommt er dem Urwesenhaften nahe. Will man die geistige Höhe, den Rang nennen, innerhalb dessen sich ein solches Dasein abspielt, muß man in der Geschichte des menschlichen Geistes weit zurückgehen. Möglicherweise hat der junge Nietzsche ähnliches versucht, denn von Nietzsche rührt das Wort »fröhliche Wissenschaft« her, und etwas von dieser Art findet man hier wieder. Mit dem Aufgebot des höchsten, des eisigsten Mutes, will hier einer den Blick den Dingen, Begriffen und vor allem den lebendigen Wesenheiten, dem »Urwesenhaften«, wie es Valéry nennt, zuwenden, und das Christentum aus den Augen lassen. Deshalb ist Herr Teste in viel höherem Grade antichristlich als etwa Nietzsches spätere Werke, die eben ohne den geistigen Rausch nicht sein können und die christlichen Trieben ihren Tribut zahlen bis zu völliger Willkür und Verwirrung.

Über die auf den ersten Blick fast unfaßbare Fülle von »fröhlicher«, männlicher, wahrhaft heroischer Wissenschaft kann ein kurzer Bericht kaum mehr als Andeutungen geben. Man muß dieses Werk kennenlernen. Es sind außer dem ursprünglichen Fragment von 1890 noch einige Aufsätze über denselben Gegenstand da, der Brief eines Freundes, und der Brief der Frau Emilie Teste. Hier hat diese neumythologische Figur schon soviel inneren Halt und Festigkeit gewonnen, daß sie Schatten wirft. Hier ist zum erstenmal und zum letztenmal in der neueren Literatur der Versuch gemacht, die Ausstrahlung Gottes oder einer höheren Einheit wiederzugeben von den Stufen des Altars her – ohne Christentum, Existenzberechtigung Gottes, Existenzberechtigung des Menschen, Existenzberechtigung der herrschenden ebenso wie der dienenden Seele, ohne daß ein »Opfer« dazwischensteht. Da sich aber unsere Ethik seit zweitausend Jahren von dem Widersinn des »Opfers« nicht freimachen kann, muß Valérys Sittenlehre eine andere sein. Sie heißt ebenso wie bei dem jungen Nietzsche Tapferkeit, Klugheit und Ordnungssinn, Freiheitssinn, ein offenes Herz für die Unmeßbarkeit und Unergründlichkeit der erkannten und der erkennenden Welt. Hier berührt sich Teste mit dem Leben, Wandeln und Lehren der chinesischen Weisen, ohne daß anzunehmen ist, daß er sie gekannt hat. Aber etwas von ihrem großen, die Welt leise und dennoch umfassend ergreifenden Seelensinn ist unverkennbar bei dem französischen Denker. Dieses Buch ist eines der wenigen Dokumente unserer Zeit. Mag seine äußere Auswirkung auch jetzt noch eng und unbedeutend sein, es ist geschaffen »mit der zarten Kunst der Dauer«, die Valéry an seinem Teste zu rühmen weiß.

John Dos Passos, Manhattan Transfer

Ich habe in einem meiner Aufsätze an dieser Stelle auf den Unfug hingewiesen, der meiner Ansicht nach darin liegt, daß Autoren von Rang (wenn auch noch nicht von klassischer Bedeutung) Werke von jungen Dichtern als »literarische Ereignisse ersten Ranges« abstempeln, womit die adelnde, schwere Gebärde dieses geistigen Ritterschlages zu der Harmlosigkeit eines gutmütig auf die Schulterklopfens herabsinkt. Nun findet sich in der ausgezeichneten Vorrede, die der bekannte Entdecker des Babbittismus, Sinclair Lewis, dem neuen Roman von John Dos Passos »Manhattan Transfer« voranschickt, genau derselbe Ausdruck. Lewis sagt unter anderem: »Ich frage mich, ob ›Manhattan Transfer‹ nicht wirklich ein Roman von allererster Bedeutung sein könnte... Er könnte der Grundstein einer ganzen, neuen Romanschule sein... Um die Sache noch deutlicher zu machen, ich halte ›Manhattan Transfer‹ in jeder Hinsicht für bedeutender als sämtliche Werke von Gertrude Stein oder Marcel Proust und sogar als den Großen Weißen Eber, Mr. Joyces ›Ulysses‹ ...Der Unterschied ist, Passos weiß zu fesseln ...aber vor allem, das Buch ist interessant!« Sonderbarerweise beantwortet Lewis, seinem gütigen Enthusiasmus zum Trotz, niemals präzis die Frage, ob »Manhattan Transfer« ein literarisches Ereignis allerersten Ranges, um schon bei diesem Klischee zu bleiben, darstellt oder nicht. Diese Frage ist ja auch nicht von dem Kritiker, als dem ersten Leser a priori, zu lösen. Denn um ein Ereignis ersten Ranges zu werden, bedarf es nicht nur einer säkularen geistigen Bedeutung, sondern auch einer aufnahmebereiten Masse, eines glücklichen Sternes, unter dem nicht nur das Werk, sondern in viel höherem Grade noch die Wirkung des Buches stehen muß. Bei den ersterwähnten, den von deutschen Enthusiasten gepriesenen Werken muß ich, so sehr die Werke selbst fördernswert und liebenswert sind, beides verneinen, sowohl die Bedeutung der geistigen Tat als auch die Existenz des Schattens; den sie werfen und der Erneuerung, die von ihnen ausgehen würde und ausgehen müßte. Denn literarische Ereignisse erster Ordnung sind heute, 1927, so selten, daß sie, wenn sie auch nicht den Augenblickserfolg eines Charles Lindbergh oder eines Dempsey erwarten dürfen, doch einen sehr weitreichenden Schatten werfen und sich im internationalen Geistesleben früher oder später auch als belebende und im stillen spontan weiterwirkende Elemente beweisen müßten. Bei »Manhattan Transfer« ist die Beantwortung nicht so einfach. Daß es sich um ein nicht alltägliches Werk handelt, steht fest. Es ist originell in der Erfindung; diese besteht darin, auf *eine* große Erfindung, auf *einen* grandiosen Grundeinfall zu verzichten und statt dessen tausend (aber in der wahrsten Bedeutung des Wortes tausend) Einzeleinfälle zu bieten. Kein Held, sondern zahllose einander begegnende und einander fliehende Menschenköpfe und Menschenherzen, naturgetreue, breite Dialoge, oft ergreifend wahre Gesprächs- und Seelenfetzen, und endlich Bruchstücke einer liebevollen großen Schilderung einer großen Stadt. Es ist Manhattan, ein Teil der Metropole Amerikas, die als Insel im Meer liegt und durch die Fähre, Transfer genannt, mit dem Festlande verbunden ist. Nicht Meer, nicht Ebene, sondern das zwischen beiden Wirkende, Verbindende, Hin-und-Her-Schwingende. In der deskriptiven Anatomie der Schilderung lyristische Überschriften, die an die verblaßte und dennoch ergreifende Prosa großer Lyriker erinnern (ich denke an Rimbauds Prosa, an die Georg Trakls, auch an die fabelhaften Prosaskizzen des der Kunst leider so jung entrissenen Johannes R. Becher, dem wir ähnliche, dem innersten Herzen entrissene Zeilen verdanken, in seinem ersten Buche »Verfall und Triumph«).

»Schwelgende Stadt, die sorgenlos thronte«, solche kurzen Rhapsodien stehen vor den Kapiteln des John Passos; in den Kapiteln aber flimmert ein mit großer Sicherheit und unendlichem Fleiß aufgenommener sprechender Film, der mit einer ganz besonders bewunderungswürdigen Technik »geschnitten«, das heißt kompositorisch gegeneinander und durcheinander geordnet ist. Es finden sich in dem Werke wahrhaft geniale Einfälle dieser Art. Zum Beispiel, daß die Idee eines jungen Mädchens, sich ein Kind »nehmen zu lassen« nicht als sentimentaler Plan oder als nüchterne Rechnung durchgeführt wird, sondern in höchster Wirklichkeit, mit allen Mitteln einer naturalistischen Erzählungskunst, die absolut gefangennimmt. Einfach die schmucklose und eben durchaus lebensechte Szene, die mit den Worten nach der Operation endigt:

»Auto!«

»Jawohl, Gnädige.«

»Fahren Sie zum Ritz!«

Nach dieser Szene des *Möglichen*, nachher die wahre Szene, die das Kind am Leben läßt. Diese aber nicht etwa unmittelbar darauffolgend, sondern irgendwohin in den schnell rollenden Filmstreifen hineingestellt, hineingeschnitten; und diesem Film kann man, darin hat Lewis recht, nicht mehr entrinnen. Hier ist also die Stärke der Nichtkomposition. Hier zeigt sich, ich möchte sagen, das Atonale dieser neuen Art. Nach dieser Richtung, die an sich keine großen Steigerungen in der Tonstärke, im Ergreifenden, Erschütternden, Überwirklichen erlaubt, ist er schlechthin klassisch. Passos hat den literarischen Film, das rollende Band des Romans, wenn nicht erfunden, so doch als erster praktisch zur Durchführung gebracht, und schon deshalb wird er wie Ford seine Kreise ziehen – wie weit, läßt sich heute noch nicht sagen. In einem anderen Punkte – wie ich glaube, im entscheidenden – hat aber Lewis unrecht, und damit ist auch das Werk um seine säkulare Bedeutung gekommen. Lewis sagt: »In ›Manhattan Transfer‹ bringt Mr. Dos Passos eine Sache fertig, die, wie wir alle häufig genug bewiesen haben, unmöglich sein sollte: Er gibt das Panorama, das Wesen, den Geruch, die Klangfarbe, die Seele von New York. Es ist ein langes Buch, zweifellos an die 200000 Worte, aber jeder andere Erzähler hätte eine Million Worte zu Hilfe nehmen müssen, um all die Personen und Stimmungen darzustellen, die hier in erschöpfender Weise dargestellt sind.«

Es hieße New York sehr unterschätzen, wenn man glaubte, daß die Anzahl der Worte bestimmend wäre für die Intensität der künstlerischen Schilderung dieser Stadt und vor allem für die Extensität einer solchen Darstellung. Schon die erschöpfende, das heißt alles einschließende Art der Lebensdarstellung eines ganz bestimmten kleinen Kreises von Menschen, einer Familie zum Beispiel oder einer kleinen Clique, wie es Balzac oder später Zola versucht haben, kommt sehr bald in den Sumpf des Chaotischen. Um dies Versinken im Bodenlosen zu verhindern, sucht dann Balzac Hilfe bei der Wissenschaft und behauptet, seine »Comédie humaine« sei Naturgeschichte wie ein Werk von Lamarck, aber was bleibt, ist typisch bestenfalls für Balzac, niemals für den Vormärz. Balzac war und ist immer mehr eine europäische als eine zeitgeschichtliche Erscheinung gewesen. Flaubert aber, der von der Einzelbeobachtung, von der Mikroskopie der menschlichen Seele und von der »Landmesser-Aufnahme« der Landschaft ausging, ist viel eher ein bleibender Schilderer des Bleibenden, er ist im gleichen Maße kulturgeschichtlich echt, wie er als Einzelgenie bewundernswert ist trotz aller scheinbaren Beschränkung und Provinzialität. Hier bei Passos ist es vor allem die erdrückende Masse, die es macht. Tausende von Einzelschicksalen, gewiß; und es stecken Menschen dahinter, alles hat eine gewisse kleine Wahrheit. Aber Lewis, der glaubt, Passos hätte einfach die »langweiligen Überschriften« ausgelassen, ist hier von einem naiven Irrtum befangen. Es gibt (und gerade der Schöpfer des Babbitt müßte es wissen) ungeheure Komplexe von für Amerika im höchsten Grade charakteristischen Dingen, die in dem Werk Dos Passos' auch nicht mit einer Silbe erwähnt werden. Vor allem sind es immer nur kleine Menschen, die gegen mittlere Menschen gestellt werden, nie die Masse gegen den einzelnen, nie der Amerikanismus gegen den Eingewanderten, niemals der Babbitt gegen den Geist. Niemals Tatsachen gegen Menschen, niemals Maschinen gegen Menschen, niemals die Wissenschaft, nirgends die Technik. Keine Fabrik. Kein Anarchist. Keine große Erfindung. Keine Spur Rockefeller, christian science, Edison, Ford. Wie kann man da von fünfundzwanzig Jahren des Wachstums und des Verfalls der ganzen gewaltigen Stadt reden? Nirgends ein Wort von Politik, nirgends eines von der Börse, nirgends etwas von einem Bauplan, von den zwei Epochen, der Gasepoche (1900) und der elektrischen Epoche (1925), die einander gefolgt sind und die nicht nur das äußere Antlitz der Stadt, sondern auch das innere Antlitz des Menschen beeinflußt haben. Was ich am »Zauberberg« als einzigen, aber entscheidenden und alles vernichtenden Fehler gesehen habe, daß die durchgehende Grundfigur Hans Castorp das Objekt einer gewaltigen Handlung und Entwicklung, nicht aber das Subjekt derselben sein könnte, das trifft auch auf dieses gigantisch geplante Werk »Manhattan Transfer« zu. »Zwei Hauptpersonen sind in dem Buch«, sagt Lewis. Ein Journalist und eine Schauspielerin. Vom Journalistischen aus ließe sich eine Weltstadt wie New York 1900 bis 1925, wenn man den nötigen Mut und das seelische Format dazu hätte, schon in Kontur umreißen. Möglich wäre es, wenn ich auch fürchte, daß dann von den Stimmungen und seelischen Augenblicksfilmen des Journalisten wenig übrigbliebe. Aber das ist hier gar nicht versucht, trotz der Zeitungszitate, die ab und zu eingestreut sind. Und was eine Schauspielerin von der Welt sieht und was New York in einer Schauspielerin sieht, das ist, auch wenn es sich um den größten Star und den kleinsten Cliquenkreis handelt, ein unmeßbares Sandkorn im Gesamtbild einer Stadt von vier Millionen. Was bleibt also? Ein ewiges Hin und Her der Fähre, ein Kreisen um das ewig Private. Möglicherweise ist die Methode Dos Passos' (und die des Joyce) eine Möglichkeit vorwärtszukommen, um Dinge in die Erzählung einzubeziehen, die man bis jetzt nicht hat erfassen können. Als Gesamtwerk scheint mir aber »Manhattan Transfer« nur den Wert eines ausgezeichneten, fabelhaft geschriebenen und von der ersten bis zur letzten Zeile fesselnden Romans zu haben. Ich finde, daß dies auch genügt.

Nikolai Leskow, Novellen

Die Literatur der Russen ist so unerschöpflich, daß sie uns scheinbar immer neue Überraschungen zu bieten hat. So lernen wir jetzt einen russischen Autor kennen, Nikolai Leskow, der, an internationaler Geltung gemessen, weder mit Tolstoi noch Dostojewski in eine Reihe zu stellen ist, der aber so außerordentlich stark die Eigenart seines Volkes vertritt, daß er, dreißig Jahre nach seinem Tode, eine auch für das heutige Rußland sehr bezeichnende Erscheinung darstellt. Dostojewski und Tolstoi haben sich in der Weltgeschichte ausgewirkt, Dostojewski hauptsächlich auf die gleichzeitig mit ihm lebende Generation, Tolstoi auf die spätere; ohne Tolstoi wäre der Bolschewismus nicht denkbar gewesen. Leskow aber gibt Rußland so, wie es im Grunde, im Boden ist, weder nach Osten noch nach Westen orientiert, das heißt, weder gegen das Paris der Westler ankämpfend noch das Byzanz des imperialistisch-dämonischen Dostojewski erträumend. Aber nicht um die politische Seite handelt es sich bei dieser neuen Ausgabe des alten russischen Dichters, obgleich ja in Rußland Politik nie ganz von der Literatur zu trennen ist, sondern um die rein künstlerische. Gerade in diesem Sinne ist uns das Werk Leskows in vielem eine Überraschung. Der Verlag legt uns drei Bände vor, offenbar nur einen kleinen Teil des Gesamtwerkes. Aber dieser Teil ist derartig stark und lebendig, daß man für diese Bereicherung unserer Kenntnisse über Rußland im höchsten Grade dankbar sein muß. Was ist nun das Charakteristische an diesem Dichter? Er kommt aus der Schule Gogols, das ist klar. Aber ist Gogol eine Schule? Gogol ist das Genie einer Landschaft, er spricht durch seine kleinrussischen Gestalten, durch seine Kosaken und Tataren, durch seine kleinadeligen Charaktertypen, aber er ist selbst ein Teil von ihnen, und obwohl er nie etwas Persönliches, Privates in seinen Werken darstellt, ist doch seine ganze Wesenheit – das unsterbliche Teil Gogols und das »Gogolhafte der Welt« – in ihnen enthalten. Dies trifft auch auf Leskow zu. Leskow hat es nie nötig, sich auf sein Volk zu besinnen, er muß nie zu seinem Volk zurückkehren, weil er sich nie ernstlich von ihm entfernt hat. Er geht nicht von den Bildungselementen seiner Rasse aus, sondern von seinen Märchen, Volkserzählungen, Legenden und Anekdoten.

Unter den neu übersetzten Werken sind es zwei Erzählungen, die mich besonders interessieren. Das eine ein groß angelegtes Fragment, der Roman »Die Klerisei« – aufgebaut auf dem Gegensatz zwischen der staatlichen Bürokratie und dem niederen Klerus. Leskow entscheidet sich für keine Partei, sein Herz gehört beiden oder vielmehr, sein Herz hängt an einer Figur, dem Propste einer kleinen Stadt, einem Menschen, in dem sich beide Parteien begegnen, der beide Teile viel zu gut versteht, um nicht zu leiden und zerbrochen zu werden.

Das unterirdisch Dramatische ist hier, wie bei Gogol, die eigentliche Kunstform. Jeder Dialog ist so von Leben erfüllt, daß man ihn ohne weiteres auf die Bühne übertragen könnte, es ist dabei nicht jene Explosionsdramatik, wie sie Dostojewski hat, sondern eine ruhige Entfaltung der Seelen im Gespräch und in der persönlichen Begegnung. So zeigt er eine Szene, die Begegnung seines Propstes mit einer alten Fürstin, einer Bojarin, Herrscherin von Stand und von Natur: »Komm her und segne mich‹, sagte sie. Ich trat zu ihr heran und segnete sie. Sie faßte meine Hand, um sie zu küssen, was ich auf jede Weise zu verhindern suchte. ›Ich huldige nicht dir, sondern deinem Amte. Setze dich jetzt; wir wollen ein wenig miteinander bekannt werden.‹« Hier bei Leskow ist es einfach die Verbeugung eines Menschen vor einem anderen um seines *Sinnes* willen. Es ist das »Amt«, das in beiden Begegnenden wirksam ist, zu dem sie beide emporblicken. Irgendein Effekt, eine seelische Bühnenwirkung ist nicht beabsichtigt. Man vergleiche diese Szene mit der berühmten Begegnung Raskolnikows mit Sonja. Wenn aber Raskolnikow zu Sonja sagt: »Ich beuge mich nicht vor dir, sondern vor dem ganzen Leid der Menschheit«, so ist das nur eine Geste. Raskolnikow will auf Sonja wirken und auch auf sich selbst. Im Grunde müßte seine Verehrung Sonja allein gelten, die ja in Wirklichkeit genug zu tragen hat. – Auf dieselbe unauffällige, vornehme Weise werden bei Leskow alle Gegensätze dargestellt. Natürlich fehlt der Fanatismus an anderer Stelle. Leskows Werk ist Fragment, noch eine Verwandtschaft mehr mit Gogols »Toten Seelen«.

Aber wenn, wenigstens für manche Leser, der Genuß an Leskows »Klerisei« ein wenig Museumsgenuß ist, so steht ein anderes Werk vollkommen unangegriffen vom Rost der Zeit da. Eine vollendete, eine meisterhafte Geschichte: »Lady Macbeth aus dem Kreise Mzensk«.

Es ist die Geschichte einer Müllersfrau, die, ohne sich von der Menge abzuheben, ein ruhiges Leben führt, bis sie einen Mann kennenlernt, mit dem sie nur dann zusammen sein kann, wenn sie Menschenleben auf Menschenleben opfert. Sie ist eine Frau aus der Menge. Der geliebte Mann ist ein Nichts. Aber die Größe ihrer Empfindung ist nur zu vergleichen mit der Einfachheit ihres Ausdrucks. Hier versteht man das Verbrechen. Der abnorme Mensch ist an seinem abnormen Maß gemessen. Was er tut, ist selbstverständlich, sein Untergang ist elementar, deshalb fehlt ihm alles Quälende. Er ist vernichtenswert, will dies auch selbst, hat aber nichts moralisch Übelriechendes an sich. Keine Ähnlichkeit mit den Verbrechern bei Dostojewski. Diese Geschichte ist so herrlich wie am ersten Tage, sie gehört der Weltliteratur an. Damit ist nicht gesagt, daß sie allgemein bekannt ist. Es mag sogar viele Russen geben, die auf Leskow wie auf einen etwas verstaubten Turgenjew herabsehen. Meinem Gefühle nach ist diese Erzählung absolut gegenwärtig und aktuell. Sie kann im bolschewistischen Rußland ebensogut spielen wie in der russischen Vorzeit. Kein Wort zuwenig, kein Wort zuviel. Zum Schluß werden die Frau und ihr Geliebter deportiert. Man denkt an die Szene in Tolstois »Auferstehung« – die mit der lapidaren Erzählung Leskows nicht zu vergleichen ist. Es ist wie die Fotografie eines Vorgangs und der Vorgang selbst. So sehr erfüllt von ethischen Ideen dieser Leskow zeit seines Lebens war, so glaubt er doch nicht an die Bekehrung des Bösen durch das Leiden. Er hat den ganzen Kampf des Christentums bis zum letzten in seiner Kleinrussenseele durchgeführt, aber zuerst ist er wahr, dann erst ist er Christ. So ist denn diese Erzählung eher antik als realistisch. Die Heldin des Buches, Katerina Lwowna, steht zum Schlusse vor ihrer letzten Untat, der Ermordung einer Nebenbuhlerin, die auf der gleichen Fähre wie sie und ihr Geliebter einen Fluß auf der Fahrt in die Verbannung übersetzt. »Katerina Lwowna wollte ein Gebet sprechen und bewegte die Lippen, aber ihr Mund flüsterte nur: ›Wie vergnügt wir die langen Herbstnächte verbracht und Menschen von der lichten Erde zum finsteren Tod geleitet haben...‹« Dann der Schluß, als Katerina ihre Nebenbuhlerin ins Wasser geschleudert hat und ihr nachgesprungen ist: »Sonerka (die Nebenbuhlerin) war schon wieder untergegangen. Nach zwei Sekunden streckte sie, durch die Strömung schnell von der Fähre abgetrieben, abermals die Arme aus dem Wasser. Im gleichen Augenblick hob sich jedoch aus einer anderen Welle Katerina Lwowna fast bis an die Hüften aus dem Wasser empor, warf sich wie ein starker Hecht auf eine weichschuppige Plötze über Sonerka, und beide wurden nicht mehr gesehen.« Das ist Bild und Wirklichkeit zugleich. Seit Homer hat man nicht viele solche Schilderungen gelesen.

John Galsworthy, Schwanengesang

Mit diesem schönen, wehmütigen, etwas müden Buche gibt Galsworthy das Ende seiner groß angelegten »Forsyte Saga«. Es ist im wesentlichen die Geschichte einer Ehe. Fleur, die Gattin Michaels, findet ihren Jugendfreund Jon wieder, die alte Liebe flammt auf. Untreue und doch keine, Ehebruch und kein Bruch. Fleur selbst und was sie unmittelbar berührt, ist wie in dem »Weißen Affen« Galsworthys ein bezauberndes Wesen, ein Stück Natur, sie ist nicht Schöpfung des Dichters, sondern Schöpfung des unmittelbaren Lebens, eine Erinnerung an einen Menschen mitten unter Gestalten einer gepflegten Erzählungskunst, die in England das schildern und darstellen möchte, was Leo Tolstoi in Rußland dargestellt hat.

Galsworthy ist alles. Er ist ein Dichter, aber auch ein kluger Mann, ein zuverlässiger Schilderer von Zuständen, Landschaften, menschlichen Seelen, sozialen Bindungen, und vor allem ein tiefer Kenner dessen, was man die Eitelkeiten des Daseins nennt und was Thackeray in den ergreifendsten, heute noch unerreichten Szenen seines »Vanity fair« hingestellt hat. Aber welche Entfernung von Thackeray zu Galsworthy! Thackeray legt eine Figur breit hin, sie ist fertig und vollendet beim ersten Federstrich, beim ersten E des Wortes erstes Kapitel. Was er noch zu tun hat, besteht darin, daß er diese Grundfigur, in »Vanity fair« das unsterbliche, reizende, niederträchtige, entzückende Mädchen Rebecca Sharp vertieft, daß er in immer geheimnisvollere Schichten dieser nur scheinbar an der Oberfläche der Welt haftenden kleinen Bürger-Kokotte dringt. Ganz anders Galsworthy. Galsworthy beginnt und endet uninteressiert. Er fängt einen Augenblick ein. Mit der Spiegelreflexkamera einer vollendeten Technik bringt er hier einen Fetzen Gespräch, dort eine kleine Anekdote aus vergangenen Zeiten, hier eine Landschaft, dort ein Lächeln, ein Schweigen, eine winzige, aber alles aufhellende Nichtigkeit. Man sieht wie bei der Spiegelreflexkamera das Objekt noch im Augenblick der Aufnahme. Galsworthy ist unerschöpflich in kleinen, aber äußerst lebenswahren Erfindungen. Hier beherrscht er wahrhaft souverän die Fülle des Lebens. In diesem Sinne gibt es fast keinen toten Punkt in diesem umfangreichen Roman.

Trotzdem bleibt er niemals lange auf jenem Punkte, wo er die präzise Wirklichkeit gleichzeitig als letzte Gesetzmäßigkeit empfindet, wo Zufall und Bestimmung eins werden. In diesem Roman kommt er zwar manchmal so weit, aber es sind nur vereinzelte Szenen mitten in einem Gewirr von langweiligen, auseinanderfallenden, mit einer matten Ironie gestalteten Szenen – hier spricht eben nur der gepflegte Schriftsteller, dort aber der wahre Erkenner und Deuter des menschlichen Herzens. Wie sich das Dichterische mit dem Schriftstellerischen mischt, wie sich das Überflüssige mit dem Unvergeßlichen bindet, wird niemals ganz klar, oft glaubt man die Stelle in dem Romane zu sehen, wo er, vielleicht nach einem Tage Pause, wieder mit der Feder angesetzt hat. Was er als großer Dichter begonnen, führt er als feiner Schriftsteller, als gutartiger Ironiker fort.

Am wenigsten zeigt sich dieser Bruch bei der Heldin, bis auf den auch für sie gänzlich nichtssagenden Schluß (Schlüsse sind immer der wundeste Punkt der Romane, selbst »Anna Karenina« hat keinen befriedigenden, »Don Quichotte« zwei, das heißt keinen, und »Wilhelm Meister« keinen, das heißt Tausende nach Wahl). Am wenigsten zeigt sich dieser Bruch an der Heldin des Buches, an Fleur, und etwas von dieser inneren Einheit, dieser unzerbrechlichen Wahrheit hat auch ihr Gatte, Michael, die fleischgewordene Resignation, ein Mann aus Güte, Nachsicht, Klugheit, Diskretion und sonst nichts, ein Gentleman, der »nach fünfeinhalbjähriger Ehe eingesehen hat, er könne sicher sein, daß Fleur ihn seelisch gern habe, daß er ihr körperlich nicht widerstrebe und daß es das Vernünftigste von einem Mann sei, nichts mehr zu verlangen«. Das sind die Männer, deren Frauen man auf dem Reimannballe sieht. Es ist die Kehrseite der mondänen Welt, es ist das negative Bild der sozialen Verknüpfung, der materiellen Schichtung. Galsworthy hat den Ehrgeiz, auch diese Seiten des Europa von heute in seiner »Forsyte Saga« zu bringen. Hier, im »Schwanengesang«, wird von der Geburteneinschränkung, von dem Generalstreik von 1926, der Kohlenförderung, von der Sanierung gewisser Elendsviertel Londons gesprochen, eine Idealfigur eines in seiner Ehe glücklichen, werktätigen Pfarrers namens Hilary aufgestellt. Aber ganz echt muß das Interesse des Dichters auch hier nicht sein, es bleibt bei »Typen«, bei Diskussionen. Wie hätte der alte Phantast Balzac hier geschwelgt! Weder das soziale Hilfswerk, die Rettung der Slums, noch die Geburteneinschränkung, tatsächlich zwei vitale Probleme der Massenmenschheit von heute, werden bei dem klugen, aber teilnahmslosen Galsworthy lebendig.

Der Vater Fleurs, Soames, der die Fäden führen sollte, da er durch sein Alter, durch seine überragende Intelligenz und durch seine geschlossene Persönlichkeit über den Dingen steht, kommt über eine tatenlose Verhaltenheit nicht heraus. Rührend ist er freilich und gewiß auch, wenigstens in seinem Verhältnis zu Fleur und Michael, echt. Einmal sprechen der Schwiegersohn und der Schwiegervater über ein Aquarell »Die goldenen Früchte« (auf banale Symbole kann Galsworthy nie verzichten). Der Schwiegersohn meint: ›Ja, Sir, das Bild ist wirklich ganz gut, nicht wahr? Ich wollte, Fleur würde sich ernstlich mit Aquarellmalerei beschäftigen.‹ Soames stutzte. ›Ich wollte, sie würde sich mit was immer ernstlich beschäftigen, um ihre Gedanken abzulenken.‹ Michael sah ihn an. Beinahe wie ein Hund, der sich bemüht, einen zu verstehen, dachte Soames ... So geht das nicht, sie hat dich wirklich lieb. Es ist nur ihre *fieberhafte Unruhe*, wenn es überhaupt etwas ist. Trag es wie ein Mann und bleibe ruhig!‹ So ist es; so und nicht anders spielen sich die Dinge im gehobenen Bürgerstande Berlins, Paris’, Londons ab, in ganz Europa, soweit noch Reste von Tradition da sind, soweit gute Manieren und geordnete politische und Geldverhältnisse bestehen. Zu dieser Ordnung gehört eben auch die Ehe, nicht die Liebe. Liebe vergeht, Ehe besteht. Selbst eine gute, das heißt innerlich notwendige Liebe kann sich unter dem Druck der jeder Leidenschaft notwendigerweise abgewandten bürgerlichen Gesellschaft nicht auf die Dauer halten. Ehebruch ist immer so wie hier eine Sache von Tagen, höchstens Monaten, freilich in diesen Tagen und Monaten die notwendige Erfüllung des immanenten, eigentlichen, wahrsten Wesens der Ehebrechenden. In der Wahl des Ehebrechers und der Ehebrecherin offenbart sich das innere Wesen, die Bestimmung, die Unersetzlichkeit des Individuums, genannt das Schicksal – aber nicht das soziale Element, das Städte baut und das nicht auf Vollendung durch Leidenschaften, sondern auf Erneuerung durch die Kinder, den Nachwuchs angewiesen ist.

Nicht der melodramatische Schluß dieses Romans, nicht das in der Gemäldegalerie des Vaters von Fleur ausbrechende Feuer ist es, das bestimmend, entscheidend wirkt, als Schlußpunkt hinter »Forsyte Saga«, auch nicht der Ehebruch, sondern eben die Beständigkeit, die Dauer, die Bewährung einer unechten Ehe gegenüber einer echten Liebe. Hier hat Galsworthy etwas erreicht, was er vielleicht nicht angestrebt hat. Er wollte die soziologischen Zwischenstufen, die zum Untergang verurteilt sind, wie es Thomas Mann in den »Buddenbrooks« getan hat, darstellen. Den Mittelstand zwischen Proletariat und Großgrundbesitz, das alte Vermögen zwischen Großindustrie, Mammonismus. Geblieben ist davon, in diesem Buche wenigstens, nur die Geschichte zweier, das ist dreier Menschen. Aus einem »Vielleicht« wird ein »Nein«. Zwei Menschen, die sich »alles« sein können, leben, eine halbe Meile voneinander entfernt und sind nun auf immer, irreparabel geschieden. Was bleibt? Jon hat von seiner ungeliebten Frau ein Kind. Fleur hat es von ihrem ungeliebten Mann ... Noch einmal die Lose zurück in die rotierende Lotteriemaschine, unsichtbare Gewalten treiben sie, ein Mensch mit verbundenen Augen greift hinein. Ungerechtigkeit, Sinnlosigkeit? Nur ein Augenblick. Vielleicht, daß sich alles ausgleicht, in späteren, einfacheren Generationen sich versöhnt, in einer weniger verlangenden, mehr erlangenden.

Roger Martin Du Gard, Die Thibaults

Der Verlag Paul Zsolnay legt uns, nachdem er uns das Werk John Galsworthys durch seine Vermittlung in mustergültiger Weise nahegebracht hat, nun den Anfang einer groß angelegten Romanserie vor. Wenn der Autor sein Werk die »Geschichte einer Familie« nennt, so hat er damit den Umfang seiner Aufgabe eben nur umrissen. Ausgefüllt hat er ihn nicht. Es sind zwar vier starke Bände, die uns vorliegen, wenn wir aber alles Wissenswerte von dem innern und äußern Leben dieser Familie Thibault erfahren sollten und dann auch noch das Notwendige über das Schicksal einer protestantischen Familie – die der katholischen Lebens- und Gedankenwelt der Thibaults kontrapunktisch entgegengesetzt wird –, so müßte sich ein Werk von zehnmal so großem Umfang ergeben. Angesichts der hohen erzählerischen Qualitäten wäre dem Autor die praktische Ausführung eines solchen Beginnens wohl zuzutrauen. In dem vorliegenden Werk bricht der Autor mitten in einer Episode ab. Weshalb sollte er aber nicht mit der gleichen Erzählerfreude einen neuen Band beginnen? Diese Erzählerfreude ist das hervorstechendste Zeichen der Begabung dieses bei uns noch unbekannten Franzosen. Er kann nicht nur erzählen, sondern er kann manchmal auch das geben, was hinter dem schlechthin Erzählbaren liegt, und manche seiner Figuren, zum Beispiel Jeromé, der Vater des jungen Daniel, wirken in uns noch nach, wenn der Dichter schon bei ganz neuen Figuren weilt. Denn er hat die Neigung, den Faden nicht bis ans Ende zu spinnen, sondern lieber neue Lebenskreise anzuschneiden, wobei er sich über den relativen Wert der einzelnen Partien, über die Tiefe und Echtheit seiner Charakterschilderungen keine großen Sorgen macht. Er ist ein unbekümmerter Dichter, scheut nicht vor mehr oder minder großen Anleihen zurück. Wenn man an Romain Rolland und »Jean Christophe« denkt, so ist dies eben nur einer der Väter dieses Romans; er hat deren viele, eigentlich alle, denn es sind die Spuren aller großen Epiker von d'Annunzio, Balzac, Flaubert bis zu Proust, Maupassant usw. unverkennbar. Dazu kommen noch russische Einflüsse; auch der alte englische Erziehungsroman mit Fielding spielt herein, und es wäre eine lohnende Aufgabe für einen Literaturhistoriker, aus dem Werk dieses jungen Autors *sein* unbestreitbares Eigentum zu isolieren. Von dem großen, noch unter uns weilenden, unsterblichen Weisen André Gide ganz zu schweigen, der seine Hände sehr mild und verehrungswürdig über dieser Familie Thibault hält. Alle diese Anleihen wären im Grunde ganz gleichgültig, wenn der Leser das Gefühl hätte, daß der Autor ihm etwas Neues zu sagen habe; man würde froh sein, die gute Tradition fortgesetzt zu sehen, wenn entweder aus der Synthese dieser alten Roman- und Dichterwelten eine neue Welt, ein noch unberührter Kontinent entstünde oder wenn das von großen Dichtern schon Vorgearbeitete hier bei dem neuen Mann du Gard mit einem besonderen Grad von Intensität nachgedichtet und lebendig gemacht würde. Aber es ist im Grunde betrübend, zu sehen, wie indifferent dieser junge Dichter mit dem alten Traditionsgut umgeht. Es rührt ihn nicht, es wandelt ihn nicht. Er übernimmt es und gibt es weiter. Sein Roman liest sich gut, die Sprache ist gepflegt, die Beobachtungen oft von großer Feinheit, viele Szenen von dramatischer Wucht. Es ist für seine Technik überhaupt bezeichnend, daß er aus dem epischen Fluß oft zu einer hochdramatischen Explosion kommt, »die nach dem Theater schreit«. So bringt er einmal die Szene, in der ein junges Mädchen, das an Meningitis erkrankt ist, gesundgebetet wird. Er zeigt den Jammer der Mutter, deren Gatte sie eben verlassen hat. Der einzige Sohn Daniel ist mit seinem Freunde Jacques durchgebrannt und unauffindbar. Die kleine Tochter liegt da, röchelnd, besinnungslos, schwer erkrankt. Schwer? Unrettbar. Dieses »unrettbar« wird dem Leser mit einer raffinierten Technik, die an das Boulevardtheater erinnert, suggestiv eingehämmert, damit später das Gesundbeten eine viel größere Wirkung explosivartig ausüben könne. Mag eine solche wunderbare, augenblickliche Heilung gerade bei einer Krankheit wie der Meningitis, die mit sehr lang dauernden, schweren Lähmungserscheinungen auch in den seltenen Fällen einer Heilung verknüpft ist, wissenschaftlich unwahrscheinlich sein, darüber würde man hinweggehen, wenn nicht – der Autor darüber hinwegginge. Ein so ungeheures Ereignis, das Ins-Leben-Zurückrufen eines »nach den Gesetzen der Wissenschaft« verlorenen Menschen, durch die reine Kraft der Seele – müßte das nicht eine ungeheure Wandlung im Leben dieser jungen Tochter,

in dem Leben dieser armen Mutter, im Dasein dieses Sohnes und seines Vaters hervorrufen?
Aber alles geht nach wie vor, dieses »nach wie vor« im wahrsten Sinne des Wortes gebraucht,
seinen alten Gang. Diese Szene bleibt eine Episode, ein effektvolles, technisch meisterhaftes
Kapitel. So kann es dem Autor nicht an Gelegenheiten fehlen, diese technische Meisterschaft
immer wieder zu beweisen. Er bringt uns eine wundervolle Milieuszene, die seelische und land-
schaftliche Atmosphäre einer katholischen Besserungsanstalt, in welche der junge Jacques von
seinem bigotten, heuchlerischen und doch warmherzigen (?) Vater gesteckt wird. Wie sich der
seelische Druck in diesem toten Hause bis in die feinsten Gefäße fortpflanzt, das ist geradezu
atembeklemmend geschildert, und doch ist es verlogen in seinen Voraussetzungen und nichts-
sagend in seinen Folgeerscheinungen. Es ist, als würde an dem Gehäuse einer komplizierten
Uhr ein neuer kostbarer Edelsteinzierat dekorativ angebracht oder wieder fortgenommen. Den
inneren Mechanismus, das einzig Wichtige, lernt man nicht kennen, das Gehäuse der Uhr wird
eben nicht genügend geöffnet, und auf die nebensächliche Umhüllung wird dauernd solche Mühe verwandt, daß schließlich unser Interesse an dem Uhrwerk selbst vollkommen erlischt. Das
Buch spannt, man gibt es nicht gern vor der letzten Zeile aus der Hand, und doch läßt die Figur dieses Jacques vollkommen kalt. Und nicht nur uns läßt sie kalt, sondern auch den Autor
vermag diese Figur auf die Dauer weiter nicht zu fesseln. Er läßt sie auslaufen und bringt uns
dafür das Schicksal des älteren Bruders dieses geistig vergewaltigten Jungen und dann, als auch
das nicht ausreicht, das Schicksal seiner Geliebten Rahel, die sich ihm nach einer fabelhaft erzählten, aber innerlich vollkommen unbegründeten, die Komposition des Buches zersetzenden
Detailschilderung einer chirurgischen Operation ergibt. Die Operationsszene ist mit solchem
Glanz und solcher Unverfrorenheit hingesetzt, daß sie packt. Aber was soll Rahel? Die Episode
muß geschlossen werden. So kehrt sie dann nach Afrika zurück, wo sie von einem Herrenmen-
schen erwartet wird, dem man seine Verwandtschaft mit Dumasschen Monte-Christo-Figuren
(Peitsche, Flinte, Blut, Küsse) schon von weitem ansieht. Damit schließt das Werk. Das alles
wird nie ohne einen ungeheuren Aufwand von guten Einzelbeobachtungen erzählt, aber diese
Einzelbeobachtungen bleiben immer durch billige Psychologie, durch banale Weltanschauung
aneinandergekettet.

Jack London, Menschen der Tiefe

Jack London hat im Sommer des Jahres 1902 eine Art Entdeckungsreise in die Unterwelt Londons, das Elendsviertel East-End, gemacht. Die Berichte aus dieser Unterwelt gibt jetzt der Berliner Verlag Universitas im Rahmen seiner großen, alle Werke Jack Londons umfassenden Ausgabe heraus. Es sind keineswegs Dichtungen, es sind Tatsachenberichte. Ein Reporter aus dem bürgerlichen Mittelstande, ein Mann von starker Lebenskraft, von gesunden Muskeln, von guter Beobachtungsgabe und ausgezeichnetem sachlichen Stil, verkleidet sich in einen Arbeitslosen, maskiert sich als Proletarier. Er nimmt den Augenblick wahr, sieht sich um, fragt und hört zu, kehrt dann wieder an den Schreibtisch zurück und sagt: Das habe ich gesehen. Jack London war nicht allein Reporter. Hier aber, in diesem Buche, ist er nichts als das, und gerade das ist das Große, das Erschütternde an dem vorliegenden Werke. Aber es gibt noch etwas Größeres, etwas noch Erschütternderes: Wenn man das Buch gelesen hat, sagt man sich, daß sich dank des wiedererwachten »sozialen Gewissens« der Jahre zwischen 1902 und 1928, dank der Anteilnahme sozialistischer Massen an der Regierung und Gesetzgebung fast aller europäischer Länder so grauenhafte Zustände, wie sie Jack London schildert, heute nicht mehr in Europa finden werden. Leider ist dies ein Irrtum. Es fehlt nur der neue Jack London, der uns die fast unbegreifliche Menge und Schwere des menschlichen Elends von 1928 nahebrächte (es gibt unter der Jugend des Nachkriegs-Europa keinen einzigen großen, unbeirrbar wahren Reporter). Aber an den Zuständen, die man infolge der wohltätigen Wirkung der Arbeitslosenversicherung und der anderen »sozialen Lasten« für immer verschwunden glaubte, hat sich so gut wie nichts geändert. Davon gibt ein Aufruf Kunde, den Ende Oktober 1928 der Herausgeber einer großen Tageszeitung in seinem Blatte erließ und der sich mit dem Jammerleben der Bevölkerung des Industriebezirkes Waidenburg befaßte.

So fürchterlich es klingt, wir müssen die Schilderungen, die uns Jack London in diesem unvergeßbar ruhigen Berichte auf fast dreihundert enggedruckten Seiten gibt, als vollkommen aktuelle ansehen, obwohl doch in dem ganzen politischen Aufbau, in der gesamten sozialen Struktur Europas und Englands sich in diesen sechsundzwanzig Jahren ungemein viel geändert hat. Aber daß ein Massenleiden, ein Massenverkommen heute genau wie damals bestehen kann, ohne daß die Allgemeinheit es weiß, es begreift und sich danach richtet – das ist das »Große, das Erschütternde«, von dem ich anfangs sprach. Sollte tatsächlich der Staat, wie wir ihn heute verstehen, dagegen machtlos sein? Sollte er nicht begreifen, daß es eine Anarchie der Besitzlosigkeit geben kann, einen so tief ätzenden Nihilismus des »schreienden Elends«, daß sein eigener Bestand, das ist: die durch das Gesetz gefügte Ordnung dieses Staates, durch Tatsachen dieser grauenhaften Art im empfindlichsten Punkte aufs schwerste erschüttert werden muß? Sollte der Staat als solcher dauernd und grundsätzlich gegen solche Auswüchse menschlichen Jammers hilflos sein, dann muß er selbst krank sein, und zwar nicht etwa krank in seinem Blätterwerk, das alle Jahre wechselt, auch nicht etwa nur krank in den kleinen und mittleren Zweigen, die ohne Schaden abfallen oder abgeschnitten werden können, sondern krank in seiner Wurzel. In diesem Sinne ist das Buch Jack Londons ein eminent aufwühlendes Werk, und je weniger dieses Buch »ein Hoheslied der Menschlichkeit« sein will, das es auch gar nicht sein kann, je mehr dieses Buch seinen dokumentarischen Charakter erweist, und zwar einen dokumentarischen Charakter von solcher Echtheit, daß die Schilderungen dieses Buches statt im Elendsviertel Londons im Jahre 1902 ebensogut oder noch besser im Elendsviertel des Kohlendistrikts von Waidenburg im Herbste 1928 geschrieben sein könnten – desto mehr haben sich die gesetzgebenden, die wahrhaft erhaltenden, die echt konservativen Kräfte eines Landes zu bemühen, diesen furchtbaren Krankheitssymptomen nachzugehen. Es ist, wie ich glaube, nicht Sache der privaten Wohltätigkeit abzuhelfen. Ja, es wäre nicht einmal Sache eines privaten, genial angehauchten Reporters, diese Dinge ans Licht zu fördern. Sondern es hat der Staat, der von sich aus jedes Verbrechen verfolgt, der von sich aus jeden ansteckend Kranken isoliert, das heilige Recht und die daraus folgende noch heiligere Pflicht, Fällen von so grauenhaftem Elend von sich aus nachzugehen. Wenn das, wie es scheint, unzerstörbare Gefüge einer industrialisierten

Welt zu solchen aufwühlenden Fällen führen kann, dann verstehen wir wohl die schöne, sehr menschliche Geste des amerikanischen Reporters Jack London, der sagt: »Die Zivilisation hat alle Güter geschaffen, die ein Menschenherz begehren kann. Aber der Durchschnittsengländer hat keinen Teil daran; und wenn er für immer davon ausgeschlossen sein soll, so sollten wir lieber die Zivilisation aufgeben.« Das nenne ich den tief ätzenden Nihilismus des schreienden Elends.

Es sind Tatsachen, Zahlen, protokollarische Aufzeichnungen, keinerlei Hohelieder, keine Zitate, es sei denn die von Naturforschern wie des berühmten Huxley und solche aus den amtlichen Statistiken der großen Stadt London. Aber was für Tatsachen, was für Zahlen, was für protokollarische Aufzeichnungen! Man versteht nicht, daß uns dieses Buch erst so spät vorgelegt wird. Wenn ein Buch Epoche machen kann, Bücher dieser Art könnten es. Ich erinnere an Kennans ebenso grauenhaftes, in seinem schreienden Elend nihilistisches Buch »Sibirische Gefängnisse«. Diesem Buch eines jungen amerikanischen Reporters, der *ahnungslos* den Boden Sibiriens betreten hat im Laufe der neunziger Jahre des vorigen Jahrhunderts, ist zum großen Teil der Untergang (erst der moralische, dann der historische) des zaristischen Systems zuzuschreiben. So wird auch das Buch Londons unmöglich ohne Wirkung bleiben können. Man lese nachfolgende trockene Berichterstattung und sage sich dann selbst, ob ein Staat ein Recht zur Existenz hat, in dem ungestraft und als alltägliches Ereignis folgende Dinge sich begeben können: »...Und in demselben Zimmer ... legt sich die Familie abends auf ihrem Lager zur Ruhe. Das heißt, daß so viele Mitglieder wie möglich in das *einzige* Bett der Familie kriechen, wenn die Familie überhaupt ein Bett hat, der Rest legt sich auf den Fußboden ... Stirbt eines der Kinder – und einige müssen sterben, da *fünfundzwanzig* Prozent der Kinder von East-End vor ihrem fünften Jahre sterben –, so liegt die Leiche des Kindes im selben Zimmer. Und sind sie sehr arm, so müssen die Leute die Leiche einige Zeit in der Stube behalten, ehe sie sie begraben können. Tagsüber liegt die Leiche auf dem Bett, nachts, wenn die Lebenden das Bett in Besitz nehmen, wird die Leiche auf den Tisch gelegt, an dem die Lebenden, wenn die Kinderleiche morgens wieder auf das Bett gelegt worden ist, ihr Frühstück essen ... Erst vor wenigen Wochen mußte eine Frau *vor Gericht* erscheinen, weil sie ihr totes Kind, das zu begraben sie nicht imstande gewesen war, drei Wochen auf diese Art und Weise bei sich behalten hatte.«

Lügt dieser wahrhafte Reporter? Und wenn er nicht lügt, kann es die Verwaltung eines europäischen Rechts- und Ordnungsstaates bezeugen und beschwören, daß Fälle dieser Art auch bei »katastrophaler« Arbeitslosigkeit innerhalb ihrer Grenzen unmöglich sind? Ist dies, was Jack London schreibt, Dichtung, oder ist es Tatsachenmaterial – und wenn es Tatsachenmaterial ist, empfindet es der Geist eines europäischen Staates nicht als furchtbare Anklage?

Sinclair Lewis, Der Erwerb

Was die Madame Bovary für Frankreich war, könnte dieses Buch für Amerika sein: die lückenlose Darstellung eines typischen Menschenwesens, wie es bis jetzt in der Literatur dieses Landes nicht erschienen ist. Je mehr man von den Werken dieses großen amerikanischen Schriftstellers Sinclair Lewis, eines würdigen Schülers (nicht Epigonen) des größeren Charles Dickens, kennenlernt, desto tiefer die Verehrung für dieses die Welt tief umfassende, wenn auch in seinem Stoffgebiet eng begrenzte Talent.

Um was geht es in diesem Roman? Um eine neue Type Amerikas, um einen Durchschnittsmenschen wie Babbitt, wie im Grunde auch Dr. Arrowsmith. Diese Durchschnittswelt ist nun einmal die Domäne des Sinclair Lewis, so wie die bunte Abenteuerwelt von Alaska bis zur Südsee das Jagdgebiet des früh verstorbenen Jack London, war, und ebenso wie die tiefgründige, wenn auch oft quälende, aber immer geniale Seelengründung des »zweideutigen Menschen« das Gebiet des bei uns noch viel zu unbekannten Joseph Conrad ist. Wäre ein und derselbe Geist imstande, eine solche Fülle des Lebens in sich aufzunehmen, wie es das »Genie der Vitalität« Jack London vermochte, und sie so tief aufzuhellen wie das »Genie der Zergrübelung« Joseph Conrad – und dabei auch die unscheinbarste, anscheinend langweiligste Figur mit solch einem wunderbaren zarten Nebelhauch von männlich-väterlicher Liebe zu umgeben, wie es Sinclair Lewis, der Mann des gütigen Alltaglebens vermag – was täte sich dann vor unsern Blicken auf! Aber schon das, was diese drei großen Geister, von denen heute Sinclair Lewis allein noch lebt, uns jeder in seiner Art gegeben haben, ist bewundernswert in mehr als rein literarischem Sinn.

Ich bin überzeugt, mehr als eine von den Menschentypen, die dieser unscheinbare Amerikaner Lewis geschaffen hat – geschaffen mit unendlicher Kleinarbeit, mit mühseligster Einzelbeobachtung, mit vorsichtigster soziologischer Einordnung, mit zurückhaltendster Keuschheit im Aufdecken verborgener Heimlichkeiten – mehr als eine dieser Typen Babbitt, Arrowsmith, Una Golden wird bleiben, ebenso wie die Typen des Dickens lange noch bleiben werden. Meines Wissens ist es der erste weibliche Charakter, den Lewis als Hauptfigur geschildert hat. Bis jetzt hat seine Liebe mehr den Männern gehört, auch dort, wo in dem bezaubernden Roman »Mantrop« die Frau eine gewisse Rolle spielt. Nun begibt sich aber das Merkwürdige, daß diese Frau, Una Golden, ich nannte sie schon, die Lewis hier mit seiner ganzen Herzensfülle, seiner meisterhaften Komposition vor uns hinstellt, sich »hundertprozentig« von dem Bilde der Amerikanerin unterscheidet, wie man es sich bis jetzt bei uns in Europa vorgestellt hat – dafür aber gleicht sie »hundertprozentig« den unzähligen alleinstehenden, ihren Lebensunterhalt an der Schreibmaschine oder Nähmaschine erwerbenden Frauen, den Frauen des erwerbenden Mittelstandes, Weib plus Job, Seele plus Erwerb, wie wir sie hier in Europa in den großen Städten sehen. Es handelt sich um ein nicht gerade häßliches, junges Mädchen ohne sex appeal, ohne besondere Klugheit, ohne ein Übermaß an Gefühlswärme, ohne Hang zum Sinken, mit einem ordentlichen Trieb zum Aufsteigen in eine höhere Kaste, mit einem bestimmten Beharrungsvermögen, sich nicht fallen zu lassen. Sie will sich hingeben, aber sich nicht verlieren. Sie ist eben nur ein kleines Weib in der Masse, nur mit dem psychologischen Mikroskop erkennbar. Ein nettes junges Ding aus guter Familie mit einem Augenglas von ungefaßten Gläsern, dessen goldenes Kettchen sich hinter ihrem kleinen Ohr in eine Fülle blonden schönen Haars verliert. Sie kommt aus Panama, ihr Vater nennt sich Kapitän, ist aber höchstens Kapitän bei der freiwilligen Feuerwehr gewesen. Er stirbt früh nach einem ebenso emsigen als erfolglosen Leben, ganz eine Figur mit der feinen Feder eines Dickens gezeichnet. Mit derselben künstlerischen Noblesse ist die Figur der Mutter umrissen, einer Mutter, wie ihrer Tausende und aber Tausende zwischen Wedding und Friedenau leben, Pensionistinnen, Beamtenwitwen, Kleinrentner, Kleinseelen, die nicht nur das Brot essen, das die Tochter, bitter genug, verdient, sondern die sich auch geistig, menschlich mit ihrer ganzen Existenz über die Existenz der Tochter legen, ihr »keine Luft lassen«, ohne daß man ihr Gefühl, Mutter – Vampyr, als reinste Liebe oder als reinsten Egoismus umreißen könnte.

Wer nicht glaubt, daß dieser Sinclair Lewis ein Dichter von höchsten Graden ist, der lese die Partie dieses Buches, in der geschildert wird, wie diese Tochter nach ihrer mühseligen Arbeit eines Abends mit einem »Lunapark«-Programm heimkehrt und, wie schon so oft, die Wohnung unaufgeräumt findet, die Mutter unter immer wieder zerlesenen Magazinheften vergraben, mit weinerlicher Stimme ihr Leben bejammernd, immer neue Forderungen stellend, sich hinter einer Krankheit mit ihren Schwächen, ihrer Trägheit versteckend. Aber gerade diesmal ist es nicht Trägheit, nicht ungezieferhaftes Saugen – es ist plötzlich Schicksal, eine schwere Krankheit, ein durch alle liebevolle Pflege nicht aufzuhaltender Tod. Wie da in dieser kleinen goldblonden kurzsichtigen Seele sich alles umkehrt, wie sich alles wendet, das Innerste nach außen dringt, wie dieses winzige Wesen wächst und mit dem letzten Ernst ihres Daseins sich an eine Mutter klammert, die nie mütterlich gewesen ist – wie diese Tochter weint – wie sie Mensch wird an dem Tod dieser glatten, weinerlichen alten Frau – das vergißt sich nicht! Es ist nicht reine Sentimentalität. Es ist Gefühl und dennoch reine Wirklichkeit. Es ist Gefühl mitten im Job, ein Herz im Getriebe der Büromaschinen in der großen Stadt Amerikas.

Nicht ganz so überzeugend wie diese Mutter und diese Tochter sind Sinclair Lewis diesmal die Männergestalten gelungen. Es sind zwei, die den Weg dieses unscheinbaren Frauchens streifen: ein etwas romantisch angehauchter »Dichter«; im »Job« ist der Propagandachef bei einer Automobilfachzeitung. Er liebt Una, von ihr wird er geliebt. Er verläßt sie mißverständlich, um sie zwecks happy end wiederzufinden auf Seite 383 dieses Buches. Und dann ein Durchschnittsamerikaner, Alkoholiker, Autobesitzer und Feind von Romanen, 100 v. H. reiner Job, Herr Schwirtz; schon in dem vertrackten Klang seines Namens die Unleidlichkeit seines zugleich hohlen und selbstbewußten Daseins ausdrückend. Nicht gelungen, man fühlt es bei dem ersten Wort, das aus dem Munde dieser Type kommt – unwahr bei aller Gewöhnlichkeit, während Una, nicht minder Durchschnittsmensch, nicht weniger gewöhnlich, doch in jeder Äußerung wahr ist – man fühlt es, man erlebt es mit; »es ist so«. Vielleicht fehlt dem Autor die Unbarmherzigkeit, die Welt unbarmherzig wiederzugeben – ohne Widerruf. Das verblühende Leben. Die Verfettung. Die mit jedem Jahre besser werdende Automobilmarke – die Art und Weise, wie das moderne Leben (jedes Leben in der Zivilisation) den Menschen frißt, so wie er gebacken ist. Und gerade das muß dem Dichter vorgeschwebt haben. Deshalb ist er bewußt von dem Sweet-heart-Typ der heutigen Amerikanerin abgewichen. Aber weshalb blieb er sich nicht treu? Was soll der Zufall, der hier Menschen der inneren Verwandtschaft nach zusammenführt, wo es doch der Wirklichkeit entspricht, daß man gerade dort am meisten sich mißversteht, wo man einander ganz nahe sein könnte. Irgendwie ist die Langeweile des Alltags dessen furchtbarste Tragödie. Das dauernde Auf-der-Suche-Sein. Tausendfache Begegnungen ohne Folge. Der unzureichende Reiz, der Zauber, der verblüht, bevor er geblüht hat. Die Flasche wird geschüttelt. Medizin ist deshalb doch nicht drin. Man muß die Kraft haben, die Nichtigkeit des Individuums in dem industrialisierten Zeitalter zu erkennen. Und wenn sie erkannt, sie folgerichtig zu zeichnen. An solcher Erkenntnis fehlt es Sinclair Lewis, einem der klarsten Soziologen Amerikas, nicht. Klarer als in dem Typus einer Una Golden kann man die Situation eines mittellosen, untalentierten Massenwesens in einer Viermillionenstadt nicht darstellen.

Italo Svevo, Zeno Cosini

Der Rheinverlag in Basel, dem wir die deutsche Ausgabe von Joyces »Ulysses« verdanken, bringt eben einen großen, außerordentlich interessanten Roman eines jung verstorbenen Italieners – oder besser gesagt, italienisch schreibenden Altösterreichers, Italo Svevo, der als reicher, hochintelligenter Kaufmann in Triest gelebt hat und dessen Hauptwerk ebendieses Buch von annähernd siebenhundert Seiten darstellt. Ein Roman? Vielleicht ja, vielleicht nein. Der Umfang des Begriffes »Roman« ist ja so weit, daß sich alles mögliche darunter einreihen läßt, weshalb auch nicht diese erschütternde Beichte eines Verlorenen, dieser stenographisch getreu aufgezeichnete Lebenslauf eines »inneren Menschen«? Es gibt in der internationalen Literatur einige wenige Werke von solcher schmuckloser Echtheit, bei denen in jedem Wort das rohe Material des Daseins zu erkennen ist – eben deshalb erschütternd in einer Weise, die sonst nur den höchsten Kunstwerken zu eigen ist.

Ich denke an das Werk des ebenfalls jung verstorbenen Norwegers Hans Jäger, »Kranke Liebe«, das vor einigen Jahren durch den Verlag Kiepenheuer der deutschen Öffentlichkeit nahegebracht worden ist. Seitdem hat man dieses zwar außerordentlich quälende, aber auch außerordentlich wahre Buch, das mit dem Herzblut eines armen Mannes in leiderfüllten schlaflosen Nächten geschrieben sein muß, seitdem hat man dieses fast singulare Werk so völlig vergessen, daß bei einer kürzlich unternommenen Rundfrage nach zu Unrecht vergessenen Büchern und Dichtern dieser große, reiche, kranke Hans Jäger nicht ein einziges Mal genannt worden ist.

Solch ein Dokument einer »kranken Liebe« ist auch dieses Werk von Italo Svevo. Ein zerquältes, zermartertes Menschenantlitz; sein eigenster Feind im Spiegel gesehen; eine Vivisektion am eigenen Leibe, von einer Unbarmherzigkeit gegen sich selbst getrieben, wie sie nur ein großer Mensch mit noch größeren Ansprüchen an sich selbst zustande bringt. Was man so »Psychoanalyse« nennt, hat diesem Buch die Form gegeben. Mehr als das: die seelisch-geistige Voraussetzung dieser krankhaften Selbstzerfleischung, wie sie zum Wesen der Hysterie zu gehören scheint, ist eben das dauernde, bewußt oder unbewußt vergebliche Bestreben, besser zu werden, reiner zu sein als man ist, sich zu verändern, unaufhörlich den Stäub von seinen Füßen zu schütteln, und eben dieser »gesammelte Staub« von den Füßen oder wenn man will, die minutiöse chemische Untersuchung der eigenen seelisch-geistig-moralischen Exkremente ist es, was den Inhalt dieses Werkes ebenso wie den Inhalt des Buches von Hans Jäger ausmacht. Nichts ist einem solchen unseligen Helden und Feigling, Mörder und Ermordeten in einer Person, nichts ist ihm selbstverständlicher als der ewig wechselnde, aber in seinem Endeffekt leider unabwendbare Kampf eines Ich gegen das andere, alles gemessen an Tausenden von Proben, die nur dazu da sind, nicht bestanden zu werden. Die Anforderungen an sich selbst werden immer höher, je mehr das Ich versagt. Ein Ich schiebt die Schuld den andern in die Schuhe, die Abrechnungen, Bilanzen nehmen kein Ende, dauernd wird das eine Ich dem andern zur Begutachtung vorgelegt, und es kann doch nur eine Beschlechtachtung daraus resultieren. Der Augenblick an sich, das Gefühl, solange es noch im Herzblut dumpf raunend schwelgt und bebt – das alles ist nichts. Erst wenn alles den Prozeßgang einer ewig verurteilenden, aber nie freisprechenden Verantwortung passiert hat, wird es dem angeklagten Kläger interessant.

Ein psychologischer Vorgang von rührender Naivität, der so bestrickend ist in seiner Kindlichkeit, daß man auch seinen ewigen Wiederholungen gespannt folgt – denn schließlich ist es doch ein lebendes Herz, das hier geschlagen hat, die Furcht vor dem verantwortungslosen, stumm blühenden und dumm werdenden Leben ist echt. Man kommt zu der überraschenden Formulierung, daß die geistige Verirrung der Hysterie, die man früher als das Privileg des Weibes und mit unauslöschlicher Lüge behaftet ansah, nun im Lichte der neueren, durch Freud inaugurierten Psychologie als besondere Domäne des Mannes sich darstellt und sich durchaus nicht als Lüge, sondern als Wahrheitsdrang von so ungeheurer Intensität präsentiert, daß der von diesem Wahrheits- und Entlastungsdrange beseelte Mensch die Wahrheit in sein eigenes Inneres oder wie hier in ein siebenhundert Seiten starkes Romanbekenntnis hineinflüstert, um nur ja keine Geheimnisse vor sich zu haben. Es läßt sich leicht ermessen, daß Individuen dieser

Art, weit davon entfernt, Kunstwerke schaffen zu können (auch dieses Buch ist keines), überhaupt kaum einen Weg zum Nebenmenschen finden können. Wozu brauchen sie einen andern, da sie die wichtigsten Funktionen des Nebenmenschen, die des Arztes, des Lehrers und des Richters, ebenso in ihrer eigenen Person vereinigt haben wie die des Patienten, des Schülers und des Angeklagten?

Verbindet sich eine solche Grundeinstellung und seelische Verfassung mit kristallisch vollendeter Sprache, mit starker Kraft zur Symbolbildung und Allegorie, wie dies der Fall war bei dem verstorbenen Franz Kafka, dann werden sich immerhin Kunstwerke von eigenartigem Reiz ergeben, denen dennoch eine Wirkung auf die Dauer versagt bleiben muß, denn lebende Menschen zu schaffen ist einem so auf sich selbst Versessenen nicht möglich, der eigentlich nur ein einziges Objekt seiner Porträtkunst kennt: sich. So ist auch in diesem Werk nur der Held interessant. Seine Gegenfiguren, der Freund, die Frau, die Geliebte, der Vater, alle bleiben Schemen, ohne eigenes Licht, sie hören auf zu existieren, sobald von ihnen nicht mehr die Rede ist, während der porträtierende Italo Svevo, identisch mit dem porträtierten Zeno Cosini (Freudsche Zahlensymbolik: beide Namen haben die Buchstabensumme zehn), ein nachhaltendes Interesse bei verwandten Naturen (und wer wäre ganz frei von solchen Strömungen, Zeitkrankheiten?) wachrufen kann. Der Stil des Buches ist von erstaunlicher Schärfe. Die Fülle des Erlebens, weil alles Selbsterleben ist und es keine Nichtigkeiten gibt, sondern nur tiefere Bedeutungen, die Fülle des innerlich Durchschrittenen und Durchlittenen ist erstaunlich. Naturschilderungen wird man nicht erwarten. Es sind diese 700 Seiten kaum anderes als tagebuchartige Berichte über das Ja- und Neinsagen, das in weitem und in engerem Kreise Irren und Sichfinden einer unglücklichen Menschenseele.

Im Vorwort, das ein Arzt signiert, der dies alles offen als psychoanalytische Beichte bezeichnet, stehen folgende Worte, deren bitterer Humor nur zu sehr das gequälte, in Frage gestellte Selbstgefühl des Autors verrät: »Ich bin der Arzt, der in den folgenden Blättern oft und in wenig schmeichelhaften Worten erwähnt wird. Jeder, der etwas von Psychoanalyse versteht, wird begreifen, woher die Antipathie kommt, die mir der schreibende Patient entgegenbringt.« Es ist eben das andere Ich, der immer nachfolgende, lauernde Schatten, der der Lichtquelle folgt; es ist der lebendige, der dem Toten über die Achsel sieht, den Toten um seine Ruhe beneidend und dennoch vor diesem Tode zurückschreckend. Selten ward diese Grundantithese klarer und schärfer, lebenswahrer und zugleich wirklichkeitsferner formuliert als in »diesem Wirrwarr von Dichtung und Wahrheit«, wie es der Autor selbst nennt, uns mit diabolischer Geste auffordernd, die Analyse noch einmal zu analysieren...

Stefan Zweig, Joseph Fouché

»Bildnis eines politischen Menschen« nennt Zweig sein neues Buch und stellt damit sein höchst eigenartiges Werk in eine Reihe mit den biographischen Versuchen, die wir, in mehr oder minder großer Vollendung, in den letzten Jahren vorgelegt erhalten haben: Emil Ludwigs »Bismarck«, »Goethe«, »Kaiser Wilhelm Il.«, Lytton Stracheys »Queen Elisabeth«, Maurois' »Disraeli«. Sei es nun, daß die Jüngeren von den Älteren gelernt haben, sei es, daß die Wiener Schule dank ihres Einfühlungsvermögens, ihrer psychologischen Meisterschaft (nicht ohne Grund sind Freud und Adler Wiener – und Karl Kraus), dank ihrer stilistischen Darstellungskraft – auf jeden Fall erscheint dieses Werk Zweigs der Gipfel des auf diesem Gebiet bisher Erreichten zu sein, und ist, bis auf kleine, verbesserbare Schwächen, das klassische Beispiel dieser Art Geschichtsschreibung und zugleich das klassische Beispiel dieser Art Kunst. Denn um beides handelt es sich: Um die Historie, die Wissenschaft als Hauptsache, und nebenher um den Roman, ein Kunstwerk der Phantasie.

Die andere Mischung, bei welcher der Roman das Übergewicht hat und auf dem Boden wirklicher Tatsachen der Oberbau erdichteter Menschenfiguren und erfühlter Menschenseelen sich erhebt, hat bis jetzt, in Deutschland wenigstens, noch wenig Klassisches hervorgebracht.

Was an »Reportage der Weltgeschichte« geschrieben wurde, nahm immer den Durchschnittsmenschen zum Mittelpunkt, ein anonymes, gesichtsloses Wesen. Alle Kriegsromane, die hier einzureihen wären (Arnold Zweigs »Sergeanten Grischa« allein ausgenommen, der wohl auch als der einzige *rein künstlerische* Wirkungen, ganz von dem »Stoff abgesehen«, ausstrahlt), haben eine höchst interessante Umwelt, aber eine recht dürftige Innenwelt. Hier reihen sie sich den Abenteuerromanen vergangener Jahrhunderte an.

Aber die andere Gattung, die romanhafte Biographie, deren Schöpfung doch das Verdienst Emil Ludwigs ist? Hier war beispielsweise einmal der Ausgleich zu schaffen zwischen der überragenden Innenwelt eines Napoleon und seiner nicht minder überwältigenden Außenwelt: also die Tatsache und historische Weltwirkung der Schlacht bei Marengo – und die Innenwelt des Schlachtenlenkers.

Vielleicht sind die guten psychologischen, wirksamen Methoden, die wir Ludwig verdanken, auf einen Mann solchen gigantischen Übermaßes wie Napoleon überhaupt nicht integral anzuwenden – und da hat Zweig mit hellseherischem Blick und beneidenswertem Glück sich einen Akteur angeblich minderen Ranges gesucht, einen Mann, der im Hintergrunde steht, der durch Gaben und glücklich-unglückliches Geschick nur zu Episodenrollen in der Weltgeschichte ausersehen scheint. Aber das ist nur der Anschein. Was ist dieser Mann Joseph Fouché, und was ist er nicht? Ehemaliger Priester und Seminarprofessor, Gewaltmensch und »Mitrailleur von Lyon«, Mitglied des »Berges« im ersten Konvent, Mörder des Königs, Feind und Besieger des Moralfanatikers Robespierre, Winkelagent und Privatdetektiv des Direktorialmitgliedes Barras, Steigbügelhalter des ersten Konsuls und dessen erbitterter Feind bis zum Ende, ironisch zynischer Steigbügelhalter der alten Dynastie, Bettler, Schnorrer und Großgrundbesitzer, Millionär, Herzog von Otranto mit der goldenen Wappensäule und der falschen Schlange darum gewickelt, dieser Mann steht nur scheinbar im Hintergrund, er bleibt mit Willen und Wissen hinter den Akteuren, seinen Trabanten. In Wahrheit ist er der geheime Mittelpunkt, Souffleur, Dichter und Regisseur der Weltgeschichte. Eine Macht, mit der während zweier Jahrzehnte (und welcher Jahrzehnte!) in Frankreich jede Ohnmacht und Übermacht bis Napoleon rechnen mußte.

Eine Balzacsche Figur in ihrer strotzenden Fülle! Ja, der ganze Balzac selbst wird hier aus diesem Buch erst klar verständlich, das Herzblut seiner Figuren schlägt auch in den Pulsen dieses Fouché. Nicht minder stark ist bei Fouché die andere Seite: der Kopf, der Geist, der unbeugsame Wille, wie er die Hauptfigur Stendhals, den ehrgeizig-zerfressenen, trocken schleicherischen, geistvollen Helden von »Rouge et Noir« beseelt und ins Irre leitet trotz der ungeheuren Anspannung.

Zweig hat in unbestreitbarer Meisterschaft, völlig souverän, hier ein *Seelenschicksal* und ein *Blutschicksal* umrissen. Fouche: ein. Genie der Zwiespältigkeit, einen Meister der Bewegung, einen Politiker ersten Ranges, eine Persönlichkeit von anrüchigem Zauber, geschildert, anziehend und abstoßend zugleich in höchstem Grade.

Napoleon als Gegenspieler. Das quellende Genie gegen ...? – nein, auch Fouché ist genial, ist ein Mensch, der aus nichts alles macht. Aus nichts? Ja, aus dem Menschen, dem Individuum, das Fouché verachtet, da er es benutzt. Zweig kommt in seiner Biographie zu grandiosen Szenen, die des größten Romandichters würdig sind, aber es ist ja der größte Romandichter, die Wirklichkeit, die dieses Werk diktiert hat. Da ist eine Szene, in der das Ende der Französischen Revolution nachgezeichnet wird. Kein Pathos, kälteste Sachlichkeit. Der Geist Stendhals. Der letzte Klub der Jakobiner, die Fouché, Exjakobiner, überlebt haben. Nach zweitausend revolutionären Morden Polizeiminister in Amt und Würden. Er steigt die Tribüne herauf; nach vielen Jahren Schweigens, schweigen konnte er, dieser Fouché, das war ein Teil seiner Menschenbeherrschung – der andere seine Menschenverachtung! –, nach sechs Jahren Schweigen hören die zur Karikatur gewordenen, verzerrten Schatten von ehemaligen Machtmenschen seine eisige, nüchterne Stimme ... sie kämpfen nicht mehr gegen den alten Kampfgenossen, wehren sich nicht, er räumt den Saal, geht zur Tür, schließt sie ab und steckt den Schlüssel in die Tasche.

Außerordentlich zu rühmen und ein gewaltiger Fortschritt gegen Emil Ludwig ist, daß der Biograph nicht dem lieben Gott in die Karten sieht. Stefan Zweig gesteht es offen ein, daß er nicht allwissend ist. Nachdem er die Außenwelt mit aller Akribie erforscht hat, wie es seine Pflicht ist, gibt er zu, daß ihm das Innere seiner Menschen und Unmenschen manchmal ein Rätsel ist. Es sind prachtvoll komplizierte Charaktere. Männer von weichstem Herzen gegen die Ihren und von niederträchtiger Tücke gegen alle anderen, gierig nach Geld, aber durch Geld allein nicht zu befriedigen. Ihre Gegenspieler, ihre Feinde sind ihnen gewachsen. Ist Fouché in vielem ein Rätsel, ein Widerspruch, eine nicht auflösbare Gleichung für Zweig, so ist es sein Gegenspieler, Robespierre, oder später Napoleon nicht minder. Robespierre kann ihn, Fouché, eines Tages vernichten. Er sieht in Fouché seinen Todfeind mit Recht. Beide wissen alles voneinander. Aber er tut es nicht. Er schweigt. Schont. Warum? Zweig sagt hier in klassischer Ruhe: »Man weiß es nicht.« Gerade das gibt diesem Werk die innere Kraft. Zweig hat nicht geflunkert. Er ist so weit mit seiner Diebslaterne den Schlichen seiner Helden nachgegangen, die ihr Licht wahrlich nicht offen, sondern nur unter dem Scheffel leuchten ließen.

Was einzuwenden wäre? Man hätte hier und da den Wunsch, die historische Umwelt, etwa die Napoleonischen Glanzjahre, noch etwas breiter ausgeführt zu sehen – aus Gründen der künstlerischen Symmetrie, die sonst in großartiger Weise gewahrt ist. Was aber tiefer geht und der einzige ernste Einwand ist – das ist die Form, in der Zweig, dem bösen Beispiel anderer Biographen folgend, erzählt, nämlich in der Gegenwartsform. Alles im Präsens. Dadurch nimmt er dem Werk die innere Ruhe an vielen Stellen und steigert dessen Lebendigkeit an keiner. Das ewige Präsens ist unschön, klingt nicht rein, entwertet viele Schilderungen, nimmt dem Vergangenen sein edles Gewicht, indem es sie schwankend, aber nicht schwebend in die Gegenwart projiziert. Das Heute ist ein anderes. Das Heute, der September 1929, ist so ganz anders geartet, daß man das Präsens in diesem Buch nicht gern erträgt. Nur dieser eine kleine Schritt, eine grammatikalische Bagatelle trennt dieses Meisterwerk der historischen Biographie von der Vollendung, von dem Klassischen, dem dauernden Besitz. Besitz nicht einer Nation, sondern der europäischen Kulturgemeinschaft. Denn dieses Buch wird nicht nur in Deutschland, sondern in allen Ländern gelesen und verstanden werden, da es Ewig-Menschliches, den immerwährenden Zwiespalt jeder größer angelegten Natur, enthüllt. Joseph Fouché – das enthüllte Menschenherz – le cœur devoilé.

Franz Werfel, Barbara oder Die Frömmigkeit

»Barbara oder Die Frömmigkeit« heißt der neue Roman Werfels. Es ist ein schwerer Band von über achthundert Seiten, und ebenso gewichtig wie sein Format ist der Bereich dessen, was er umfassen, erschöpfen will: ein großes Weltgebäude der Vorkriegs-, Kriegs-, Revolutionszeit und der Gegenwart. So umschreibt der Dichter selbst seinen Gegenstand, so setzt er sich sein Ziel. Träger dieses universalen Geschehens ist ein junger Mensch. Jung nicht nur deshalb, weil er, Ferdinand R., am Ende des Buches (oder vorausgenommen schon am Anfang) sich uns als etwa Dreißigjähriger vorstellt, sondern jung vor allem, weil er von seiner Mutter nie loskommt und sein ganzes Leben lang unter dem (wohltätigen) Schatten dieser gütevollen Mutter Barbara bleibt bis zum Schlusse.

Es ist nicht die leibliche Mutter, sondern eine Pflegebefohlene, besser gesagt: eine zur Pflege geborene, eine zum Pflegenkönnen begnadete Frau, die alte Dienstmagd Barbara. Ist sie also die Verkörperung der »Frömmigkeit«? Fast könnte es so scheinen beim ersten Lesen des Werkes. Aber sie ist zu glücklich in ihrem Glauben, um – so paradox es klingt – wahrhaft fromm zu sein. Denn Heilige sind nicht die leichthin Glücklichen im Glauben, sondern Kämpfende um den Glauben sind es, Schwankende, Zweifelnde, endlich Obsiegende, der Versuchung Widerstehende. Heiliger ist, wer an sich nach Art der »Versuchung des heiligen Antonius« des Flaubert das ganze grandiose, lust- und schaudervolle Weltgebäude in seiner Universalität von der unbegreiflichsten Qual bis zur unbegreiflichsten Seligkeit an sich vorüberwandeln lassen kann und der dann am Morgen nach der von Versuchungen ungeheuerlich bedrängten Nacht nur neu gestärkt in seinem Glauben aufstehen kann. Dieses »am Morgen nach einer von Versuchungen ungeheuerlich bedrängten Nacht in seinem Glauben neu gestärkt Aufstehen«, das trifft aber viel eher zu auf den jungen Ferdinand. Barbara ist also der praktische Sinn, die Ordnung, auch im Himmelreich auf Sauberkeit bedacht, die irdische Liebe, zur rechten Seite des ewigen Quells, Ferdinand aber ist der Träger der himmlischen Liebe, die an allen irdischen, fleischlichen Glückseligkeiten sich nicht satt essen kann. Ebensowenig aber wird einer solchen Art Menschen mit der billigen Lösung der Geistesfragen durch organische Systeme; seien es theologische oder marxistische, gedient sein.

Nur bei Menschen wie Barbara »geht Gott in Ordnung« – um ein infernalisches Wort Werfels zu wiederholen, das dieser einem ärarischen Pseudogeistlichen in den Mund legt, der, entgegen seiner Mission und entgegen aller Menschlichkeit, drei Unschuldige, zum Erschossenwerden Verurteilte bei ihrem letzten Gange trösten soll. Ferdinand ist aber ebenfalls zu diesem Standgericht verurteilt. Nicht zum Erschossenwerden, sondern zum Erschießen. Nicht zum Leiden verurteilt, sondern zum Kommandieren, zur Verantwortung. Zum unmenschlichen Kommando als Offizier des Weltkrieges ist er bestimmt – aber er versteht die Stimme noch nicht, bei Menschen seiner Art geht Gott nicht in Ordnung. Die Waage schwankt. Zum erstenmal und in entscheidender Weise schwankt sie hier in dem fabelhaft packend und aufregend geschilderten Augenblick dieser Exekution, wo Ferdinand, der Zarte, Schwächliche, die Unsoldatennatur, die Kraft finden soll und findet, nein zu sagen. Statt »Feuer« kommandiert er dem Exekutionsdetachement »Schultert«. Leicht ist es noch, die irdischen Folgen dieser Insubordination auf sich zu nehmen. Er wird sofort strafweise in eine höchst exponierte Stellung geschickt, wird also selbst (auch er ohne Gericht, ohne Gesetz) zum Tode verurteilt, zum Tode durch Erschießen durch die Russen. Schwer verwundet wird er aufgelesen, mühselig geheilt – es entrollen sich die grauenhaftesten Schilderungen von Krieg, Leiden und Verwesung. Aber das Gesetz wird nicht ausgesprochen. Es ist ja den vom Gesetz Betroffenen nicht bekannt, aber es muß dennoch gelebt werden – das ist der Sinn dieser aneinandergereihten Wechselpanoramen. Göttliche und menschliche Ordnung gehen, darf man sagen, in altösterreichischer Schlamperei durcheinander.

Einmal heißt es sehr merkwürdig, sehr bezeichnend an einer nicht weiter bedeutsamen Stelle: »...Nun sah Ferdinand aus einer engen Luke auf das traurige Feld: Konservenbüchsen, Stangen, Traversen, Senkgruben. Dennoch erkannte er, daß sein Posten, der im vordersten Graben lag, eine Gnade Gottes und Hauptmann Prechtls war. Da krähte...« Wird der Hahn krähen, der den

Heiland im Apostel verrät? Nein, bloß der Telefonapparat, den der junge Soldat Gottes bedient. So handelt es sich bei allem vielfältigen Geschehen nicht um die Schuld eines einzelnen und noch weniger um eine Sühne.

Handelt es sich überhaupt? Wirken die einzelnen Figuren dieses Werkes aufeinander, werden sie besser, schlechter, reicher, ärmer, klüger, trauriger durcheinander, oder leben sie nur nebeneinander hin, einander ebensowenig beeinflussend, wie es die gewirkten Figuren an einem Gobelin aus dem sechzehnten Jahrhundert tun? Das ist die Stärke und die Schwäche dieses groß angelegten Werkes. Was geschieht, sind nur aufgeblätterte Erinnerungen. »Das einzige Geheimnis, das Ferdinand hat, ist das einer ganz seltenen und mächtigen Erinnerungskraft. Es gibt sehr wenige Menschen, in denen ein ähnlich umfangreicher und

312 farbenprächtiger Bilderschatz lebt, der bis in die tiefste Kindheit hinabreicht.« Der Schiffsarzt Ferdinand R., dreißigjährig, steht auf dem Verdeck eines Schiffes und erinnert sich. Das ist das Buch. Alte Tage kommen wieder, der Vater, die Mutter, die Kadettenanstalt, das Priesterseminar und eine unabsehbare Reihe von Menschen, die wohl nach der Natur gezeichnet sind. Man wird in einer dieser Figuren Egon Erwin Kisch porträtgetreu wiederfinden, in einer anderen den tragischen Dichter Otfried von Kayzanowsky, in einer dritten den kokain- und philosophiesüchtigen Sohn des hervorragenden Strafrechtslehrers Groß ... Menschen, Menschen, Gesichter über Gesichtern.

Oder sind es Gesichte, das heißt Gesichter, die einen Sinn haben, eine Bedeutung, eben das *Gesetz*, nach dem Werfels Freund Franz Kafka Tag für Tag seines schweren Lebens vergebens, verzweifelnd suchte? Also einzig und allein um den Sinn dieser tausendfach verzweigten Ereignisse und Gestalten handelt es sich – um sonst nichts. Werfel sagt von seinem Helden nach der großen Entscheidung, nach der Auflehnung gegen die Ungerechtigkeit der Welt: »Schrie nicht alles nach Erlösung? Eine Stunde der Größe hatte er selbst erlebt. Millionen Zertretene harrten des Menschen, der sie sammeln und gegen das Schandgesetz der Macht führen würde ... Als Ferdinand zum erstenmal die Zusammenhänge der Weltschuld ahnte, verfiel er – die Heilung war damals noch nicht vollendet – in krampfhafte Erregungszustände ... in der Folge kam eine schmerzliche Verwirrung, die ihm aber selbst als Klärung erschien. ... Oft dachte er daran, dem Kriegsdienst öffentlich abzuschwören...« Und so kommt es. Seine Rettung ist Reinigung. Er tut das Grauen der Welt von sich ab, dieser junge, zarte, weltscheue Mensch – er kommt »dem ahnenden Wissen« näher. Wie weit kommt er ihm näher? Gelangt er zu der »wissenden Entscheidung«? Der typischen? Der für andere Menschen gültigen? Oder stellt er das Exempel eines durch alle Höhen und Tiefen gejagten Lebens – stellt er das Exempel eines einzigartigen Lebens beispielgebend für sich selber auf? Seine Frömmigkeit soll Weltfrömmigkeit sein. Nach Art der Chassiden ist dieser katholische Offizierssohn um so frömmer, je glücklicher er ist. Wird er glücklich? Ist er fromm?

Zum Schlusse steht der Mann auf der Schiffsbrücke. Die immense Erinnerungskurve hat zu ihrem Beginn zurückgefunden. Er ist wieder bei Barbara. Ihr Vermächtnis zu Lebzeiten, einen schweren Beutel mit echtem, hundertprozentigem Golde wiegt er in der Hand. Das Gold schüttet er ins Meer und wirft den Leinwandbeutel hinterdrein. Vielleicht hat er erreicht, was er wollte. Ist er dort, wo irdische Reichtümer den Menschen nicht mehr beseligen können? Ist er jetzt den Menschen wirkend zugewandt, hat er, wenigstens für sich, den Weg, den Sinn gefunden, um den es in diesen achthundert Seiten geht? Ich weiß es nicht. Denn folgendermaßen lautet der Schluß des Buches: »Barbaras Gold ruht von Stund an in der Tiefe der Welt... Ferdinand hält noch immer die Hand ausgestreckt. Das Schiff aber ist weitergerückt, und seine Hand segnet nicht mehr das Opfer, sondern eine fremde und gleichgültige Stelle des Meeres. Noch drei Pulsschläge lang verharrt er. Dann wendet er sich um. Die Augen brennen, und die Knie zittern. Aber der Körper ist von wachsenden Kraftfluten durchströmt. Seine Gestalt, sein Schritt, sein Gesicht atmet jetzt eine solche Strenge und Unnahbarkeit aus, daß ihn der Beobachter hinter einer Ankerwinde ruhig vorübergehen läßt...«

Anfang oder Ende?

Gerhart Hauptmann, Buch der Leidenschaft

Ist Leidenskraft gleichbedeutend mit Erlebniskraft? Fast könnte man es glauben, wenn man Hauptmanns neuestes Werk liest. Es ist mehr ein Buch der leidenden Liebe als der tätigen. Ob man es als Teil einer gewaltig konzipierten Selbstbiographie oder ob man es (mit größerer Wahrscheinlichkeit) als eine Sammlung von Tagebuchaufzeichnungen nimmt – auf jeden Fall strömt eine fast unabsehbare Fülle des in allen Bezirken des Menschlichen Erlebten, also des Erlittenen, aus dem großen Werk. Aber auch diese geistige Fülle, so berauschend sie ist, erscheint mehr auf den Mann und Helden dieses Buches von außen eingeströmt zu sein als von ihm ihren Ausgang genommen zu haben. Vielleicht liegt diese Eigenart in *dem* Umstand begründet, daß hier Hauptmann mit keinem klaren Wort sein zeugendes Schaffen, seine künstlerische Tätigkeit, seine Bühnengestalten, seine Menschenschöpfungen berührt hat. Wenn wir also den Helden dieses Buches, der nie mit Namen genannt wird, mit dem Dichter personifizieren, so werden wir hier nur etwas (nein, nicht etwas, sondern fast alles) über den Privatmann hören, wir werden eher seinen Schatten sehen, den er wirft, als das Licht, das er verbreitet. Leidenschaft in allem: gewiß. Aber hier nicht die Leidenschaft sozialen Mitleids, sondern die Leidenschaft eines der Welt hingegebenen, vor der Welt sich hinwerfenden Mannes, der sich ohne einen Augenblick des Zögerns verliert. Und sich, mehr einer Gnade folgend als einem männlichen Entschluß, an jedem Ende, das ist, an jedem frohen Anfang, wiederfindet. Tasso – es bleibt dabei, aber ein Tasso ohne einen Antonio. Kein Antonio – denn die Freunde wechseln, und die Freunde aus dem Blut, Vater und Bruder, bewähren sich nicht. Menschlich ergreifend ist dieses Dasein, Sprechen, Bauen, Schenken und Kämpfen in jedem Augenblick.

Drei ungeheure, von bloßer Menschenkraft kaum zu meisternde Konflikte entrollen sich aus dem immensen Panorama eines leidenden großen Herzens: das erste, das an der Oberfläche liegende Problem, die am leichtesten zu heilende Wunde: ein Mann zwischen zwei Frauen, beiden treu und untreu zugleich. Melitta, Gattin, Mutter der Kinder, die gesicherte Ordnung hier – und dort Anja, das ewig werdende, niemals zu fassende und ebendeshalb stets innigst ersehnte Wesen; herbe Knospe, mit dem ganzen Sommer im keuschen Herzen. Und da das Werdende immer und überall dem Seienden voraus ist, wandert das Leben des Helden dieses Buches von Melitta zu Anja. Melittas sture Teufelei, ihre moralischen Erpressungsversuche aber machen den Mann zu ihr hin schwanken. Hier erkennt man, wie tief dem Wesen Hauptmanns das Mitgefühl mit jeder leidenden (wenn auch noch so teuflischen, diabolischen) Seele angeboren ist. Er folgt der bösen Frau, weil er ihr Leiden so bis ins Innerste, Bitterste nachfühlen kann, er folgt ihr gegen seinen Willen, gegen sein besseres Wissen, gegen seine Natur. Anja ist ja seine Natur, das Selbstverständliche, die holde, helle Frau ohne hervorstechende Eigenschaften, die er liebt, weil sie auf der Welt ist, die er mit seiner Liebe nur bestätigt, sie nicht vergötternd, sie nicht aufwühlend und zerstörend. Aber die andere ist viel tiefer erlebt, weil viel tiefer erlitten – Leidenskraft, soll sie dasselbe sein wie Erlebniskraft? Bei Männern wie Hauptmann vielleicht.

Der zweite Schicksalsabgrund, schon viel schwerer zu überspringen, vielleicht nur mit dem Aufgebot aller virilen Kräfte, ist der Kampf mit dem Bruder, mit dem Mann mit dem rotblonden Schnurrbart und dem dürftigen Ziegenbärtchen, mit dem ewig Wollenden, nie Befriedigten. Eine in Bitternissen verlorene Seele, um die er, der glückliche Bruder, der von Erfolg gekrönte, immer wieder mit keuschester Liebe wirbt. Vergebens. Schon dieser Konflikt ist hier kaum angedeutet in seiner ganzen Lebensschwere. Eigenartig bezeichnend nur die Abschiedsszene, die Abschiedsatmosphäre, die letzten Worte des umfangreichen Buches: So ist es: Der Held hat den ersten Konflikt glücklich gelöst, er hat – und nach welcher Odyssee des Leidens und der himmlischen Last – Anja geheiratet. Sein Haus ist gegründet, er, seine Frau, sein Kind haben »eine Bleibe«. In der Halle seiner palastartigen Villa (Palast und Villa müssen es sein) hat die Trauung stattgefunden. Es folgt das kleine Hochzeitsmahl. Klein in der großen Halle, wie er ausdrücklich sagt. Doppelt groß, weil er sich vielleicht jetzt, an dem Glanz- und Triumphtag seines Lebens besonders einsam fühlt. Denn, das ist des langen Liedes Schluß: »Eine Teilnahme meiner Familie fand nicht statt.« Vater? Mutter? Bruder? Freunde. Niemand. Odysseus allein.

In nüchterneren Worten hat niemals ein gewaltiger Lebenskämpfer seine Niederlage festgestellt. Aber es ist und bleibt nur eine Festtellung. Keine Anklage. Sie ist seine Sache nicht. Er ist kein Tragiker, dieser Hauptmann, sowenig wie Goethe einer war. Äschylos war es. Kleist, der Dichter des Hiob, dessen Hauptmann hier oft Erwähnung tut, aber er selbst ist es nicht. Das ist sein Glück, seine Schwäche auch wie so oft. Das ist das dritte Problem, das unüberbrückbare, unlösliche, der letzte Knoten. »Nicht anklagen, niemand anklagen!« sagt er erschütternd an einer Stelle. »Auch sich nicht anklagen, auch sich nicht verklagen. Überhaupt nicht im ewig Gestrigen wühlen, wie in einem beizenden Rauch ausbrodelnden, heißen Sumpf! Verzeih auch dem, der dir nicht verzeiht: Ich will auch meinem Bruder verzeihen, was zu verzeihen und was nicht zu verzeihen ist...« Schwer wiegt hier jedes Wort: Nicht nur der Bruder ist der Angeklagte, sondern auch der Held selbst steht vor dem Gericht seines eigenen Gewissens. Verzeihen, was nicht zu verzeihen ist? Darf man dies? Darf man es, weil man es muß? »Du sollst lieben, nicht urteilen«, sagt er. »Urteilen heißt nichts anderes als richten und meistens zugrunde richten ... Ich fasse Vorsätze ...«

Hier nähert sich das Werk dem eigentlichen Kernpunkt, dem schwierigsten, dem heimlichsten Punkt der grandiosen Beichte, die damit auch auf dem unheimlichsten Punkt angelangt ist: auf das Sichselbstanklagen, das Sichselbstsehen und Sichselbstrichten, Richter, wo er versagt, gemessen an seinem eigenen Maß. Er liebt zwei Frauen, einer nur kann er gehören. Er liebt den hassenden, mißgünstigen Bruder, und doch kann er sein aufdringliches Licht nicht so unter den Scheffel stellen, daß es den neiderfüllten Kain nicht störe. Und er selbst: er ist, selbst-bewußt, ein echter Sohn der Götter. Zu irdischen Staubgeborenen steigt er (hochgesinnt oder hochmütig?) herab, seiner selbst bewußt bis in den Traum. Grandios in seiner michelangelesken Melancholie, dieses Sich-selbstbewußt-Werden, das Erkennen des Staubes und Dreckes, unter dem er wandelt, und das, an das er sich hängt und das sich an ihn hängt. Weil er sich, der Lichtgeborene, mit allem Staubgeborenen gepaart hat, glaubt er, alle Welt müsse ihm diese Erniedrigung, diesen Fall Hauptmann ansehen, er will sich verkriechen, ein neuer Adam nach seinem Soana. Nein, nicht als Ketzer, nicht als der fünfte Apostel Emanuel Quint will er dastehen, aber als gefallener Erzengel lebt er dahin. Durchaus nicht immer von aufrauschendem Schwunge himmelwärts getragen, sondern oft genug über grobe Ackerschollen stolpernd; nur den Blick am Himmel hangend, und selbst das nicht immer. Ein reicher Mann. Ein aus der Fülle aussäender, ein üppiger Verschwender mit geschlossenen Augen, der Seligkeit des Sich-Verlierens hingegeben, und dieses grandiose Gebenwollen ist sicher das Geheimnis seiner Zeugungskraft. Aber den quellenden, den üppigen, reichen sieben Jahren folgen zeitlose Räume innerer Leere, fast unvorstellbarer Verzweiflung. Vergeudung, Reue, Vernichtung, Selbstqual, erbitterter Kampf gegen sich selbst, ein Rütteln an den Voraussetzungen seines Wesens, denen er unbarmherzig gegenübersteht – Richter und Angeklagter zugleich. Er liebt sich selbst. Wer könnte denn auch leben und schaffen wie dieser Mann, ohne sich selbst aus tiefstem Herzensgrunde zu bejahen. Aber wie er einmal sehr tief sagt: Der Liebende neigt zur Selbstquälerei.

Wer den Anblick dieses prometheischen Menschen ertragen kann, wie er mitten in der Fülle des Lebens und des Glückes verdurstet und mitten in der Gnade an der Gnade verzweifelt und dann tapfer, stolz und gütevoll wieder sich ermannt – wie er steigt, irrt und fällt – der lese dieses Buch. Es gehört zu den echtesten Dokumenten eines ewig geprüften und ebendeshalb ewig sich bewährenden großen Herzens.

Thomas Mann, Mario und der Zauberer

Dem grandios angelegten, in seiner Art bis jetzt unerreichten »Zauberberg« soll in ähnlichen Riesenausmaßen ein biblischer Roman »Josef« folgen. Zwischen diese beiden Werke fallen Arbeiten kleineren Umfangs, die aber deshalb nicht von geringerer Bedeutung sein müssen. Denn das Format ist nicht der in Zentimetern meßbare Rahmen eines Bildes, nicht die Seitenzahl eines Buches, sondern deren innere Spannung und Lösung, der wirksame Gehalt, das Neue, Erschütternde, das Bewegende.

In einer dieser kleinen Arbeiten, »Unordnung und frühes Leid«, hatten wir eine bewunderungswürdige Erzählung. Fein ziseliert, aber unbeirrbar kräftig, wuchs sie aus dem rein Persönlichen ins allgemein Menschliche; mühelos, mit Notwendigkeit. An diese Prosaskizze knüpft das »tragische Reiseerlebnis« an, wie der Untertitel der neuen Erzählung Thomas Manns lautet. Hier wie dort persönliche Erlebnisse. In »Mario und der Zauberer« besonders intim gefärbt durch die Erzählungsform, die sich an einen dem Autor bekannten Leser zu wenden scheint und ihn ab und zu mit »Sie« anredet. »Ich halte Ihnen keinen Vortrag«, sagt Thomas Mann an einer Stelle, »aber in der ganzen Welt hat sich das Verhalten zum Körper und seiner Nacktheit während der letzten Jahrzehnte grundsätzlich und das Gefühl bestimmend gewandelt.« Hier endet ein reizendes Feuilleton über ein norditalienisches Seebad, und es beginnt das Problem des Buches: Freiheit.

Der Erzähler und seine Angehörigen haben Anstoß erregt im faschistischen Italien, ein weibliches Wesen ist »zu frei gewesen«. Ein üppiger, die Sinnlichkeit der Masse aufstachelnder Frauenkörper? Keineswegs. Es ist etwas viel Zarteres, Winzigeres, was die moralische Würde des sittlich neu auferstandenen Italien verletzt hat. Es ist nur das (von »Unordnung und frühes Leid« her unvergeßbare) kleine Töchterchen des Erzählers, »achtjährig, aber nach ihrer Entwicklung ein gutes Jahr jünger einzuschätzen, und mager wie ein Spatz«. Eine Sekunde lang hat das arme, kränkliche Wurm gewagt, das nasse Badetrikot abzustreifen, und schon hat es Anstoß erregt im Paradies der patriotischen Kinder – denn schon die Kinder sind im neuen Italien einorganisiert in eine militärisch gedrillte Organisation und den Vierjährigen werden die Schwarzhemden ebenso prompt angemessen wie den Vierzigjährigen. Das liegt in der Natur der Sache? *SACHE*? Nein, eine geistige Bewegung ist es, die ein großes Volk bis ins letzte absorbiert hat und die für Europa von der äußersten Wichtigkeit ist.

Es wird nun mit wahrhaft souveräner Hand, nämlich mit einem Nichts an Farbe und Kontur die faschistische Haltung, dieser schauder- und lustvolle Seelen- und Körperkrampf geschildert, der nicht einen einzelnen, etwa unter dem Einfluß eines Hypnotiseurs, sondern ein ganzes Volk unter der Wirkung eines Führers beherrscht. Massenwahn, Massenwahrheit, Massentrug. Überpatriotismus, ein ins Religiöse sich versteigendes Nationalgefühl, Selbstvergottung, neuer Götzendienst am eigenen Altar. Gott und Gottesanbeter zugleich ist diese Nation. Der einzelne vermag sich kaum von außen hereinzuleben. Schon der »Patriotismus« deutet ja auf die Reihe der Ahnen, auf die Wirkung des Abgelebten, das erneuert wird, jeder praktischen Forderung des Tages entrückt. Anbetend religiöses Menschenopfer. Vertilgung der Freiheit. Irrationales Leben über dem Geiste – gegen den Geist.

Das alles in einer keine 150 Seiten starken Erzählung Thomas Manns, in einer niedlichen, von Meid reizend illustrierten Ausgabe sich dem Blick des Lesers darbietend? Und doch ist es so.

Im Lande der allgemeinen Willenlosigkeit, im totenstillen Sklavenhause des menschlichen Masochismus erscheint ein Meistersadist der Seelen. Zauberer im Willenzerbrechen. Selbstbehauptung bis zum Exzeß. Sich selbst und die kleinste Regung seines Willens behauptet dieser Herr der Geister: der Wachsuggestionist Cavaliere Cipolla.

Er gibt eine Vorstellung, aber in mehr als einem Sinn wird sie Wahrheit. Er läßt alle Gäste zahlen und pünktlich erscheinen, kommt aber selbst zu spät. Und dann steht er da. Nonchalant. Schamlos häßlich. Dennoch bezaubernd. Verlottert, verschlampt. Dennoch konzentriert. Gesammelt, auf der Höhe seiner selbst. So lümmelt er auf dem Podium zwischen Zigarette und Kognakglas, umschlottert von einem schäbigen Radmantel, bewehrt nur mit einem kleinen Peitschlein mit klauenartigem silbernem Griff – und bewehrt mit dem unerschütterlichen Bewußtsein, der Masse überlegen zu sein. Überlegen durch besondere Geisteskraft? Nein, nur durch den starren Willen – und vor allem durch die innerste Zugehörigkeit zu der Masse als solcher. Nur weil er Blut von ihrem Blute ist, dieser Cipolla, weiß er ihr zu schmeicheln. Er weiß alles so zu drehen, daß diese Masse glauben kann und glauben muß, auch sie, jeder einzelne unter Hunderten wie unter Hunderttausenden, habe teil an dem glücklich machenden Triumph des stärkeren Willens über einen schwächeren.

Jeder Zuhörer, so willenlos er an sich ist, glaubt mit dem großen Bataillonsführer zu führen, an der Spitze der stärkeren Bataillone zu stehen, auf denen angeblich der Segen der Götter ruht: Immer ist die Masse der Frösche auf der Suche nach ihrem Storchkönig, und hier, in diesem Zauberer, hat sie ihn gefunden, ihren Herrn und Meister. Wie läßt er, Übermussolini, seine Opfer lustig nach seiner Pfeife tanzen! Musterexemplare »prompter Entseelung und Willenlosigkeit« drehen sich im Kreise, glücklich in ihrer Erniedrigung, den andern armen Narren Anlaß zu Lachen und Spott.

Aber es gibt auch andere, Mario zum Beispiel. Aber ist er ein »Beispiel« gegen das System Cipolla? Man errät es nicht, und der Dichter verrät es nicht. An Mario zerbricht der Zauberer Cipolla. Mario hat sich zwar das Entwürdigendste still gefallen lassen, krampfhaft lachend muß er sich sein Heiligstes, sein Gefühl, in den Dreck ziehen lassen. Aber als er aus der Verneblung, der Verhexung herausgelassen wird (die andern Opfer tanzen noch ununterbrochen ihren Narrentanz weiter), da rächt er sich, zieht einen Revolver, schießt, mordet. Meisterschuß. Ja, ist es denn sicher, daß er in diesem Augenblicke bereits wieder Meister seiner selbst geworden ist? Oder ist dieser Mord nicht vielmehr Selbstmord des längst todesreifen Cipolla? Überdruß war dieser fragwürdigen Persönlichkeit von Anfang an eigen. Überdruß am eigenen Besitz, Ekel über das Wirkliche, Neid, allgemeine Welt- und Lebensunzufriedenheit. Diese neronische Übermacht wurde – nicht anders als bei Nero selbst – aus Langeweile geboren.

Ja, dieser schauerliche, dieser in seiner Verlogenheit wahre Mensch ist eine echte Erscheinungsform des im Jahre 1930 führenden Geistes. Aus dem kleinen Büchlein des Thomas Mann springt er heraus, leider nur zu flüchtig. Kaum hat er uns mit seinen falschen, aber beherrschenden, klugen, gierigen Augen angesehen, kaum hat er uns am schwächsten Punkt unserer Existenz gepackt, wie der Teufel am Rockzipfel, nämlich an unsern dummen Eitelkeiten – da ist er schon verschwunden. Ein Knall, ein übler Duft, und fort ist er. Wir bedauern es. Vielleicht ist nie Thomas Mann einem großen, die Gegenwart deutenden Geheimnis so nahe gewesen wie hier.

Heinrich Mann, Die große Sache

Der in den letzten Jahren sehr rührig gewordene Verlag Kiepenheuer in Berlin, der sich mit besonderer Liebe und Treue die fördernde Pflege der jüngeren Generation, also der etwa Dreißig- bis Vierzigjährigen, angelegen sein läßt, bringt jetzt einen großen umfangreichen Roman von einem der wenigen, überragenden älteren Meister der deutschen Epik heraus, das letzte Werk desselben Heinrich Mann, dem wir die große Trilogie der »Herzogin von Assy«, »Die Jagd nach Liebe«, »Professor Unrat«, »Zwischen den Rassen«, »Die kleine Stadt«, »Flöten und Dolche« verdanken.

Und den »Untertan«, ein Buch von unheimlicher, geradezu hellseherischer Erkenntnis der politischen Gegebenheiten im alten Deutschen Reich. Wobei »Gegebenheiten« das Ineinanderwirken von seelischen Charakteranlagen und sozialen Rangordnungen bedeuten sollen.

Bedeuten werden. Bloß ein flüchtiger Blick in das alte, aber nie veraltende hinreißende Buch, und schon steigt über die Vergänglichkeit von Dynastien das Unvergängliche eines typisch gezeichneten Charakters empor. Das ewig Sulbalterne im Menschen, wie es Mann im »Untertan« mit unwiderstehlicher Kraft (der Liebe und des Hasses zugleich) wiedergibt, ist dann nicht mehr rein deutsch. Der brutale Absatz, der über dem runden Köpfchen des geduckten Untertanen seinen Schmutz abwischt, braucht nicht mehr einer Dynastie anzugehören, die inzwischen vom Schauplatz ihres historischen Seins abgetreten ist; er gehört zu der herrschenden Macht im allgemeinen europäischen Sinne. Das heißt: Werke wie »Der Untertan« werden bleiben, sie werden so lange noch gültig sein, solange das gegenwärtige Gefüge des europäischen Charakters aufrecht bleibt. Das heißt also, vorläufig auf unabsehbare Zeit.

Wenn man Heinrich Mann von dieser Seite sieht, steht er ganz unerreichbar, er ist sozusagen der einzige Vertreter seiner Sonderklasse. Man kann ihn *nur an sich selbst* messen, und das will ich auch tun, wenn ich sein neues Buch, »Die große Sache«, als Einzelwerk eines überragenden Dichters und Zeitkritikers betrachte. Worum geht es nun in dem umfangreichen, mit virtuosen Mitteln geschriebenen Werke? Um die Verwertung einer Erfindung, die ein alter Idealist, der Oberingenieur Birk, Vater von Margo, Inge und einigen jüngeren Kindern, in aller Heimlichkeit gemacht hat. Über den Wert dieser Erfindung hört man phantastische Gerüchte. Niemand, außer dem stillen, infolge eines Betriebsunfalls bettlägerigen Birk, hat zwar dies Sprengmittel »von unerhörter Brisanz« wirklich und wahrhaftig vor Augen gehabt, niemand außer ihm hat es analysiert und auf die Leistung abgeschätzt. Die Erfindung fällt noch dazu aus dem Arbeitsrahmen des verdienstvollen Ingenieurs, dessen geniale Begabung dahin zielt, Eisenbahnbrücken von 42 m Höhe zu bauen, den man aber niemals im chemischen Laboratorium an der Arbeit sieht und dem diese Erfindung als Gnade des Himmels zugefallen sein muß. Aber wir glauben sie dem Dichter als Voraussetzung und folgen ihm gerne, auch wenn er sich zu einer Schätzung von nicht weniger als 40 Millionen M für diese »Bombe« versteigt, die inzwischen sich in der Rocktasche von Birks Schwiegersohn Emanuel befindet, als dieser ausgeht, um sie in Gold zu verwandeln. Bei diesem Beginnen fangen bereits die Konflikte an. Die Erfindung ist gemacht worden in den Arbeitsräumen eines großen Konzerns, den ein sagenhafter Generaldirektor, »Karl der Große« genannt, beherrscht. Gehört sie also dem kapitalistischen Kollektiv, dem Konzern oder dem halb proletarischen Individuum, dem Erfinder und dessen Familie? Kaum sind diese Fragen aufgeworfen, als sich ein Dritter meldet, um nach tausend andern unredlichen Gewinnen auch diesen Gewinn an sich zu raffen, auf welche Weise immer.

Denn, wie immer die Rechtslage sei, dieser Dritte, Karl August Schattich, Dr., Reichskanzler a.D., Direktor des Konzerns, hat nicht den mindesten, ehrlich zu begründenden Anspruch auf die Ausbeutung der problematischen Sprengstofferfindung. Aber schon werden vor ihm alle Hebel auf volle Fahrt umgelegt, die Motoren werden auf höchste Touren gebracht. Es setzt eine rasante Hetzjagd auf diese Erfindung ein, deren ohne Unterlaß und ohne Motivierung wechselnde Phasen auch nur annähernd zu entwirren, ein detektivisches Genie erfordern würde. Ein Treiben, Jagen, Intrigieren, Mine und Kontermine, Explosion auf Explosion. Wobei an Wahrscheinlichkeit und Lebensechtheit, man muß es leider sagen, ebensoviel verlorengeht als die

Geschichte an Abenteuerlichkeit, an äußerer brutaler Spannung gewinnt – oder nur gewinnen
möchte. Ein Wildwestroman. Wie anders soll man es nennen, wenn zum Beispiel ein schwachsinniger Mensch aus dem Sportpalast, Mulle genannt, der immer das Kernwort »Wanze« im
Munde trägt, von der Frau Schattichs aus Niedertracht und aus Neid gegen den erfolgreichen
Gatten zum Morde an dem ehemaligen Mitglied der Regierung gedungen wird. Man weiß nicht,
ist es freiwillige Komik oder unfreiwillige, wenn dieses Geschöpf Mulle dem gewesenen Reichskanzler in dessen Wohnung auflauert, ihn mit einem langen Messer bedroht, von dem ebenfalls
bösartigen, rachegierigen Portier Sukkurs von rückwärts erhält und sie nun beide den großen
Herrn in den Monbijoupark hinausjagen, der eine Mensch mit dem Messer, der andere mit Er-
pressungsmanövern drohend. Und dabei hat sich der üble Schattich bereits im Geiste gewandelt,
aus einem Saulus ist er eben, von einem andern Schieber übertölpelt und geprellt, zum Paulus
geworden: »Hier und jetzt beschloß er, in Sachen der Erfindung sich ganz und gar umzustellen
und fortan anständig, ja christlich zu handeln. Er empfand die aufrichtige Neigung, seinem
alten Freunde Birk den vollen Wert der Erfindung einzugestehen und ihren Ertrag redlich, ja
sogar einfältig mit ihm zu teilen.« Ist es Ironie? Der zuckersüße Schluß, ist er eine groteske
Karikatur im Sinne Daumiers? Oder soll es doch ernst sein? Wahrhaftig, der reitende Bote aus
der »Dreigroschenoper« taucht in Gestalt eines Depeschenboten auf mit der Beförderung aller
Familienmitglieder durch »Karl den Großen«. Denn dieser Grande aus der Industrie war es,
dessen Privatflugzeug die mutige Tochter Birks, Margo, in Pilotenuniform verkleidet, heimlich
durch die Lüfte nach Berlin-Tempelhof gesteuert hat, um mit ihrem ahnungslosen Fluggaste
wider Willen (denn er hätte sich den Flugkenntnissen der Frau niemals anvertraut) wichtige
Eröffnungen auszutauschen. Aber was ist dieses Abenteuer gegen die Abenteuer ihrer schönen
Schwester, die sich als Nackttänzerin zur Generalversammlung des Schattichschen Konzerns
einfindet, um in aller Unschuld die Nachtischgespräche der hohen Herren über »die große
Sache« zu belauschen? Solcher Eifer kann nicht ohne Erfolg bleiben.

So muß sich alles in Wohlgefallen auflösen: »Gut gemacht«, sagt der alte Vater Birk auf seinem Sterbebette, »gut gemacht, Liebling! Vielen Dank, mein Lieblingskind! Das konnten wir
alle brauchen. Jeder hat das Seine bekommen, dank deinem Mut und deinem reinen Sinn –
jeder, worauf er irgend Anspruch hatte, und noch mehr. Ich werde in die unmittelbare Nähe
unseres höchsten Chefs versetzt, das hätte ich nie erwartet.« Dies gesagt, schließt er seine Augen
und geht in Frieden in den Himmel der anständigen Leute ein.

Schattich ist eine weniger schöngefärbte, er ist eine wahrscheinlichere Gestalt. Aber ist es darum wahr? Er hat Züge, die historisch sind. Es soll einen Reichskanzler der deutschen Republik
gegeben haben, auf den möglicherweise die eine oder andere Anspielung paßt. Die grotesken
Anspielungen sind deutlich. Eine um so größere Verantwortung übernimmt ein Dichter, der
Tatsachen und Wirklichkeit aus der Historie des Tages entlehnt.

Der Dichter des »Untertan« ging der Historie hellseherisch voran. Bedeutend. Deutend. Dasselbe wird man von dem Gestalter der »Großen Sache« nicht sagen können. Man kann nur hoffen, daß eine so grandiose, trotz allem unverwüstliche Erzählungs- und Gestaltungskraft wie
die eines Heinrich Mann sich wieder findet. Uns findet er immer wieder als die Bewunderer
seiner großen Sache von einst.

Hans Fallada, Bauern, Bonzen und Bomben

Der junge Dichter, dem wir dieses außerordentliche Buch verdanken, leitet sein Werk mit folgenden Sätzen ein: »Dieses Buch ist ein Roman, also ein Werk der Phantasie. Wohl hat der Verfasser Ereignisse, die sich in einer bestimmten Gegend Deutschlands abspielten, benutzt, aber er hat sie, wie es der Gang der Handlung zu fordern schien, willkürlich verändert. Wie man aus den Steinen eines abgebrochenen Hauses ein neues bauen kann, das dem alten in nichts gleicht außer dem Material, so ist beim Bau dieses Werkes verfahren. Die Gestalten des Romans sind keine Photographien, sie sind Versuche, Menschengesichter unter Verzicht auf billige Ähnlichkeit sichtbar zu machen...«

Der Autor will, so setzt er fort, bei der Wiedergabe der Atmosphäre, des Parteihaders, des Kampfes aller gegen alle höchste Naturtreue erstreben. Seine kleine Stadt steht für tausend andere und für jede große auch.

Eine kleine Stadt? Das erinnert an ein prachtvolles Buch Heinrich Manns. Aber wenn das Buch Falladas mit einem Werk Heinrich Manns Ähnlichkeit hätte, dann noch am ehesten mit dem unvergessenen, ja sogar mit jedem neuen Tage aktueller werdenden Buche, das der »Untertan« heißt. Also: vor allem anderen ist es eine großartige, mit der Urgewalt des Hasses geschaffene, aber von unterirdischen Strömen der Liebe gespeiste satirische Dichtung.

Ob nun Fallada einzelne Charaktere (mit den einfachsten, sparsamsten und überzeugendsten Mitteln) vor uns hinstellt, wie etwa den dreckseligen, unergründlich niederträchtigen Redakteur Stuff, oder ob er Panoramen aus dem pathetischen Aufstand der Bauern des Landes an der See um Stettin herum in seinen Roman hineinkomponiert, nirgends wurde mir bewußt, wo das Material (Akten usw., Wirklichkeitsbericht, Recherchen und persönliche Erfahrung) aufhört und wo die freie Phantasie zu produzieren beginnt. Das ist der Grund, weshalb ich das Ganze nicht als Werk eines hochbegabten »Schriftstellers«, sondern als das eines geborenen Dichters ansehen muß, wobei über den Rangunterschied zwischen Schriftstellerei und Dichtung nicht das mindeste gesagt sein soll.

Worum handelt es sich? Es handelt sich um die Kämpfe der Bauernschaft, die von einer impotent-brutalen Beamtenschaft mißverstanden, bedrängt, falsch behandelt wird und die, dumpf und stur, der Not der Zeitenwende nicht gewachsen ist. Die andere Partei sind die Bewohner einer Stadt namens Altholm. Boykott, Demonstrationszüge, schwarze Fahnen, Tagung in der Heide nachts, Schwur und Feme. Stumpfer Fanatismus hier, stumpfe Geschäftspraktiken dort. Waffen, Blut und Aufruhr überall. Und endlich, mit einer ruhigen Meisterschaft dargestellt, das diabolische Kampfmittel der schweigenden Verachtung; es ist die Strafe des durch Schweigen strafen. Das alles nicht zwischen Einzelpersonen ausgefochten, sondern zwischen Massen, deren Führer nicht erkennbar sind, die im Dunkel die Fäden dirigieren, sich jeden Mittels bedienen und die den Maschen des völlig unzureichenden Gerichtsverfahrens zu entschlüpfen verstehen.

Vielleicht wurden die Urkräfte, die zu dieser Bauernrevolte führen, nicht genügend klar herausgearbeitet. Hier sehe ich eine (vielleicht die einzige) Schwäche des Werkes. Daß der Dichter diese Dinge hätte an der Wurzel packen können, daß er dem Wesen der Bauern genauso nahesteht wie dem Wesen des Kleinstädters, dafür bürgen einige prachtvolle Szenen, wie die des Aufruhrs in den Straßen von Altholm, wo er dem an sich larmoyanten Kampf um ein Fahnentuch ganz neue Aspekte abzugewinnen verstand, nicht etwa durch großartige Diktion, sondern durch eine bis ins letzte gehende Sachlichkeit, durch ein homerisches oder tolstoisches Schildern, wobei ihm der Gesichtsausdruck der Kämpfer genauso wichtig ist wie die Schärfe der an die Fahne angenieteten Bauernsense, deren Schneide vorerst durch eine Blockschere beseitigt worden ist – so wird die Fahne »beschnitten«, die Sense stumpf gemacht, und am Ende des an 600 Seiten starken Buches verläuft denn auch alles im Sande.

Zu diesem umfassenden politischen Bild hat Fallada noch zwei Flügelkompositionen, die eine ist die Darstellung der menschlichen Teufelei in einigen abschreckend lebenswahr gezeichneten, kranken, wahrhaft des Niederen trächtigen Charakteren – die andere ist die Schilderung eines klaren Kopfes, einer überragenden Persönlichkeit, eines dirigierenden Subjektes unter allen den haltlosen, süchtigen, zum Teil mordsdummen Menschenfratzen. Dieser Kopf gehört einem zwei Zentner dicken, arbeitsbesessenen, menschendurchschauenden Bürgermeister. Es ist das Oberhaupt der Stadt, die vom Boykott betroffen wird. Ein Mann, ein Kopf, eine Hand – wie der Präsident in Stendhals »Kartause von Parma«. Dies ist die einzige halbwegs sympathische Figur, alles andere sind Narren und teuflische, seelenkranke Gesellen. Eine Gestalt aber wie die des jugendlichen, feurigen, apollinischen Helden aus der »Kartause von Parma« hat Fallada nicht darzustellen vermocht. Den meisten Dichtern seiner Generation wäre sie am leichtesten gefallen.

Seine Technik ist sehr eigenartig. Wenig epische Erzählung, fast nur Dialoge, aber diese angefüllt von Tatsachen, sprühend von der dramatischen Spannung des Augenblicks – eine Beherrschung des Sprechtones wie bei einem alten, werkmüden Meister – etwa Herman Bang. Aber das sind nicht die zarten Seelenmüdigkeiten Herman Bangs, was aus dem Munde der Menschen hier dringt: Leidenschaften, Interessen, Viecherei, Haß und Bosheit – und vor allem sehr viel übelriechender Schmutz auch im Wort. Ob die stetige Wiederholung von Vergleichen aus dem – wie sage ich es? – aus dem Dreckbereich des Menschendaseins immer notwendig war, weiß ich nicht. Alle großen Satiriker neigen aber dazu, ich denke an Rabelais, der darin schwelgt. Es mag sein, daß dieser Umstand bleichsüchtige Leserinnen abschrecken wird – den, der auf den Kern der Sache geht, wird er nicht abschrecken. Die Lektüre des Buches lohnt. Sie lockt, man kommt von dem Buch nicht los, und das Tempo des Lesens beschleunigt sich mit jeder Seite. Leer, phrasenhaft habe ich keine Seite des Buches gefunden. Mag sein, daß manche Bezirke des Lebens dem jungen Dichter noch fremd sind, soweit er aber das Leben überhaupt erfaßt, soweit erfaßt er es »echt«.

So darf er wagen, was jedem andern unbedingt mißlingen würde, er darf Wandlungen im Wesen seiner Menschen zeigen, ohne sie des langen und breiten zu begründen. Sein Dreckmephisto, diese wahre Spottgeburt aus Dreck und Feuer, darf, ein paar Seiten vor Schluß des Buches, eine gute, ja, eine begütigende Handlung begehen – und man glaubt sie ihm doch, ja, man fühlt, man hat sie erwartet, und sie mildert die Bitternis, die dieses abgründig pessimistische Werk sonst in jedem Leser hinterließe.

Erik Reger, Union der festen Hand

Ein Tatsachenroman von ungewöhnlichem Format. Der Autor lebt im Ruhrgebiet als Journalist. Seine Art zu schreiben ist indessen von der sogenannten reinen Reportage weit entfernt. Ebensoweit entfernt wie von einer sogenannten dichterischen Verklärung, dichterischer Vereinfachung, Typisierung, Verneblung. Was ist es also dann? Kein Dokument, das Anspruch auf wissenschaftlichen Wert hat, und auch keine Schöpfung freier Phantasie?

Mit Recht wendet sich der Autor dagegen, seine Arbeit als Roman zu werten, nur weil auf dem Titelblatte das Wort Roman stehe. Aber ebensogut könnte er Widerspruch erheben gegen diesen Titel »Union der festen Hand«, der nur einen ganz kleinen Ausschnitt aus der großen Komposition darstellt. Am Ende weiß man nicht, welchen Leser soll man dem Buche wünschen, den Volkswirtschaftler, den Politiker, den Soziologen? Oder nur den unbefangenen Leser, den hier ein etwas schweres, aber sich lohnendes Werk erwartet?

Der Begriff des Tatsachenromans ist nicht neu. Zola hat solche Tatsachenromane mit einer inzwischen klassisch gewordenen Technik geschaffen. Seine Aufgabe war schwer, gewiß, aber sie war für ihn doch leichter lösbar, als sie es für einen Zola von 1931 wäre. Denn Zola hatte noch ein festes Fundament. Er glaubte. Er glaubte an den Fortschritt, an den Sozialismus, vor allem glaubte er an den Menschen. Er wollte Massen schildern, und in seinen grandiosen Romanen treten ja auch Unmengen von Einzelpersonen auf, dennoch ist es im Grunde immer die Epopöe eines einzigen Mannes.

Dieses feste Glaubensfundament hat der Autor von heute meist nicht. Vielleicht hat es Thomas Mann. Dieser arbeitet aber an einem Roman aus der biblischen Vorzeit. Die meisten Schaffenden von heute »hängen in der Luft« mit ihrer religiösen, mit ihrer politischen Glaubenssatzung. Sie zweifeln ohne Aufhören, sie stehen zwischen den Richtungen, und wenn dieser höchst problematische Geisteszustand einen Nutzen hat, dann den, daß er, wenn zwei Parteien zu schildern sind, der Wesensart beider Teile gerechter wird, als es einem einseitig orientierten Manne möglich wäre.

So sieht man es hier. Es liegt ein romanhafter Tatsachenbericht aus dem Ruhrlande vor, 1917-1931, geschrieben ohne ira, aber mit fundamentalem Studium.

Alles, was den unmittelbaren Bericht des geschulten Auges, alles, was die statistisch zu erfassende Tatsächlichkeit betrifft, immer wird hier mit äußerster Klarheit, Bewußtheit und Ruhe eine Wiedergabe versucht.

Der Autor sagt in der Einleitung, »wenn man in den Reden einzelner Personen Stellen findet, die besonders unwahrscheinlich klingen, so hat man es mit tatsächlichen Äußerungen führender Geister der Nation zu tun oder wenigstens mit Gedankengängen, die auf solche zurückgehen.« Man kann diese Stellen schwer herauserkennen. So sehr ist es dem Autor gelungen, das reine objektive Tatsachenmaterial mit den noch freieren, willkürlichen Lebensäußerungen seiner Personen zu amalgamieren.

Weder die Anhänger der kapitalistischen noch der gemeinwirtschaftlichen Lehre werden sich dieses Buch von Reger »hinter den Spiegel stecken«, schon aus dem Grunde nicht, weil dieses Buch bereits ein Spiegel ist.

Aber dieses großartige Vermögen, den widersprechendsten Tatsachen und Charakteren gerecht werden zu können (bis jetzt immer die Hauptdomäne der bedeutendsten Historiker), ist bei Reger nicht erkauft mit einer bloß schematischen Einsicht in das Innenleben seiner Personen.

Reger versteht den Menschen, er durchschaut ihn gut. Viel zu gut, um ihn lieben oder gar hassen zu können. Vielmehr er sieht ihn mit allen seinen Eigenheiten, den Niederträchtigkeiten und den Hochträchtigkeiten, wenn das Wort gestattet ist, als notwendig an. Ihn schön herauszukristallisieren, ist sein Bestreben, und in den allermeisten Fällen gelingt es ihm. Also hat Reger weder Liebe noch Haß, dafür aber ungeheuren Respekt vor dem unentrinnbar Wirklichen und daher – an manchen, wenn auch seltenen Stellen – eine Art himmlischer Ruhe und einen satanischen Humor. Gibt es das zu gleicher Zeit? Es muß wohl. Wir sehen dasselbe bei allen großen Humoristen, das heißt bei allen großen Naturforschern der menschlichen Seele, als deren letzten Repräsentanten wir Wilhelm Busch mit seiner klassischen himmlischen Ruhe und seinem ebenso klassischen satanischen Humor ansehen dürfen. Ich will Regers merkwürdige Fähigkeiten nach dieser Richtung hin nur an einem einzigen Beispiel illustrieren: Eines Tages besucht ein König aus dem Morgenlande, sagen wir also ein Aman Ullah, einen Teil der riesigen Werksanlagen, deren minutiöse Schilderung der unangreifbare Stolz des »Journalisten« Erik Reger ist.

»Aman Ullah wurde also in das ›Thomaswerk‹ geführt. ›Qu'est-ce qu'il-y-a?‹ fragte er, als er die Halle betrat, wo der Boden zu hüpfen und die Wände zu glühen schienen. Der Direktor ließ ihm verdolmetschen: ›Hier wird siliziumarmes Roheisen durch Kalk und gebrannten Dolomit in kohlenstoffarmes, schmiedbares, aber nicht härtbares Flußeisen umgewandelt. Die verschiedene chemische Zusammensetzung der Roheisenarten resultiert natürlich aus der verschiedenen Beschaffenheit der Erze, aus denen sie gewonnen werden…‹ Der König stand vor dem Ofen, der langbauchig war wie eine Birne und voll zäher, unbeweglicher Glut kippte und kreiste. Jedesmal, wenn dieser Konverter sich neigte, um einen Bach rieselnden Feuers in die Pfanne zu ergießen, glaubte der König, dies sei eine Huldigung vor ihm, und erwiderte mit einer kleinen herablassenden Verbeugung seinerseits.«

Mit derselben, fast möchte man sagen unnachahmlichen Distanz schildert Reger die Stahlkönige, die sich zu einer Union der festen Hand, also wohl einer Art Produzententrust, zusammengeschlossen haben. Aber er schildert sie nicht bloß am grünen Tisch, sondern auch bei ihren Festen, auf ihren Schlössern, die einer Lebensform entsprechen, die ihre eigentliche Arbeit längst zersetzt haben müßte. Goethe spricht einmal von Amerika, das keine Tradition und »keine Basalte« habe. Der Beruf, die Bestimmung, der geistige Raum dieser Industriemänner, die sich aber »Industriekapitäne« oder gar Könige nennen lassen, ohne zu widersprechen, das eigentliche Wesen dieser Fabrikanten, Techniker, Großwirtschaftler ist sonderbarerweise das Antibasaitische, das Antitraditionelle.

Die voraussetzungslose Wirtschaft, voraussetzungslose Technik, voraussetzungslose Analyse sollte der geistige Raum dieser Männer sein. Ist es aber nur am Tage, im Büro, das alles nur am Wochentag. Abends, außerhalb des Büros, am Sonntag erwacht in ihnen der »Basalt« mit aller elementaren Gewalt, und es kann keine bitterere Satire auf diese unzeitgemäße, ja zeitwidrige Romantik dieser Männer geschrieben werden als Regers Schilderung eines Festes dieser Leute.

»…die Harnische blitzten, die samtenen Schabracken der Pferde waren voll märchenhafter Zartheit, die Mädchen mit den Girlanden tippelten an ihnen vorüber, die Vögel zwitscherten, die Linden dufteten, der Himmel war blau, mit tödlichem Ernst saßen die Stahlmagnaten auf der Tribüne, ihre Haut war pelzig, sie machten Stahl, aber sie waren nicht stählern, sondern romantisch-hartherzig im Beruf, aber weich, sobald sie davon träumen konnten, und leicht gerührt von einer Natur, die für sie erst einen Sinn erhalten hatte, nachdem sie durch überschwengliche Metaphern in Unnatur verwandelt worden war. In göttlichen Fernen kochte das Eisen in den Öfen, donnerten die Schmiedehämmer, und der morgenländische König murmelte: ›Tres magnifique, tres magnifique.‹«

Alfred Wolfenstein, Hier schreibt Paris

Alfred Wolfenstein, ein Lyriker von Rang (seine »Gottlosen Jahre« sind noch nicht vergessen), ein Übersetzer von außerordentlichem Einfühlungsvermögen und prachtvoller, männlicher Sprachgewalt (seine Rimbaud-Übertragung ist in ihrer Art unübertrefflich), hat es versucht, die größten Geister des jetzt lebenden Frankreich in charakteristischen Äußerungen zu sammeln. Es sollte ein Gegenstück zu dem Sammelwerk »Hier schreibt Berlin« werden, und ist es auch geworden.

Kaum einer der repräsentativen Männer Frankreichs hat Wolfenstein seine Mitarbeit verweigert, es sind Lyriker und Politiker, Romanschriftsteller, Musiker, Regisseure und Architekten vertreten. Die Beiträge sind nicht gleichwertig, aber keiner steht unter dem Durchschnitt, und einige sind überragend, sind wahre Dokumente, sind Stimmen des Volkes jenseits der Vogesen. Man kann diese Sammlung kaum übergehen, wenn man sich über den Stand des geistigen Lebens in Frankreich 1931 orientieren will. Aber auch der Leser, der sich nur an einer vollkommenen Seite Prosa laben will, wird das Buch, das sich ab und zu etwas schwer, aber nie schwierig liest, nicht vor der letzten Seite aus der Hand legen.

Nüchterner Idealismus – das ist die geistige Haltung fast aller Beiträge. Nirgends zügelloser Rausch, nirgends verschwommene Sentimentalität. Am klarsten kristallisiert sich diese heilige Nüchternheit sonderbarerweise in zwei herrlichen Erzählungsfragmenten heraus, deren eines wir Gide verdanken, während das andere dem in Deutschland noch viel zu unbekannten Julien Green zugehört. Julien Green spricht über den Schlaf – er erzählt in wenigen Worten, die durch eine in ihrer gehaltenen Kraft unbeschreibbar geheimnisvolle Suggestion ausgezeichnet sind, eine Geschichte zweier Menschen. Zweier Völker? Zweier Zeiten menschlicher Entwicklung? Wer weiß es. Julien Green ist ein Mann, bei dem es keine Grenze zwischen der Wirklichkeit und dem Mythos gibt – nicht leicht dem breiten Leserpublikum zugänglich und doch einer der ganz wenigen, die der zungenlosen Masse Sprache, der maßlosen Menschengeschichte Sinn geben – oder wenigstens geben könnten. Vielleicht ist dieser Julien Green nur Wahlfranzose – sein englischer Name deutet darauf hin –, aber seine sechs Seiten sind mit noch zwei Beiträgen das Französischste, was dieser innerlich und äußerlich recht umfangreiche Band enthält.

Außer Gide, den ich schon nannte, hat noch ein kleiner Aufsatz von Marcel Aymé starken Eindruck auf mich gemacht. Der Titel lautet: »Die Studenten«, und ganz harmlos fängt diese Skizze damit an, daß sich ein junger Student: äußert: »Ich bin im November vorigen Jahres nach Paris gekommen, um mich für das philologische Examen vorzubereiten. Auf dem Bahnsteig meiner kleinen Stadt Auxerre gab mir mein Vater wichtige Ermahnungen auf den Weg mit...«, und so geht es fort, in schlichtester, fast einfältiger, absolut sachlicher und phrasenloser Sprache. Im Verlauf weniger Minuten wird – nicht allein die ganze materielle Lebenssphäre eines Studenten von heute aufgerollt bis zu den Preisen und der Qualität der Mahlzeiten – sondern darüber hinaus werden drei soziologische Schichten wie durch den einfachen, glatten, aber unnachahmlich treffenden Schnitt eines genialen Anatomen klargelegt: der indifferenten, zweckbewußten Mittelmäßigkeit (des Schreibers des Aufsatzes) eines kommunistischen und eines nationalistischen Studenten, Mitglied der Action francaise. Genau wie bei Julien Green ist die Perspektive dieser kleinen Prosaskizze umfassender – ja, das Wesentliche der menschlichen Koexistenz viel schärfer aufhellend als tausend Seiten Bädeker, klitternder Welthistorie oder blutlos analysierender Seelenkunde oder vager ethnographischer Psychologie.

Ein kleines Beispiel macht dies klarer als lange Worte: Der Student spricht an einer Stelle über einen bestimmten Punkt in Paris – und sofort wird das Wesen der »massenhaften« Menschenansammlung mit dem Wesen des Unersetzbaren, des alleinzigen Individuums kontrapunktiert und stellt beide Seiten gegeneinander und dadurch auch an sich fest: »Einige Minuten nachher verließ auch ich die Terrasse, und der Zufall eines Spazierganges führte mich nach Montparnasse. La Rotonde, le Dôme und la Coupole waren zum Platzen voll, drei dichtgedrängte Caféhaufen, damit beschäftigt, ihre Apéritifs zu schlürfen, und in einem Behagen hindösend, dessen Geheimnis ich zu ergründen suchte. Ich ließ mich auf der Terrasse der Coupole nieder, mitten in einer Reihe trinkender Menschen, die dicht aneinandergepreßt waren. Da begriff ich, all diese Leute waren in dem Bewußtsein glücklich, eine ungeheure Masse zu bilden, die auf die Bürgersteige überquoll. Ich begriff, warum Montparnasse besonders bei Ausländern beliebt ist, die diesen Stadtteil nach ihrem Geschmack gestaltet haben, um sich aneinander zu wärmen. Franzosen wäre dies nie eingefallen...« Gibt diese doch an sich ganz unscheinbare Bemerkung des unbekannten Franzosen nicht zugleich eine ganz tiefe, das heißt, ins Weite weisende Perspektive des politischen Franzosen? Des Menschen der Grenze, der gewollten Isolierung?

Solche Meisterleistungen der französischen Schriftsteller wären in einer anderen Literatur, ohne große und lebenskräftige, fast durch nichts zu unterbrechende Tradition, nicht leicht denkbar. So sieht man zahlreiche Beiträge hier, welche die erlauchten Namen eines Pascal, eines Voltaire, eines Flaubert tragen könnten. Besonders stark und deutlich ist die Nachfolge Prousts. Kleine in sich abgeschlossene, gedichtartige, aber von allem tönenden Lyrismus befreite Kunstwerke, welche den kleinen »Aufsätzen« gleichen, wie sie schon der ganz junge Proust unter anderem in »Tage und Freuden« hervorgebracht hat und die vielleicht wieder auf La Fontaine zurückgehen. Hier sieht man die meisterhaften, komprimierten Prosaskizzen von Marcel Jouhandeau: Bilder: Die Natur / Der Gefangene / Spiele / Blumenhändlerin / Säuferin / Verhaftung / Nächtlich / Ruhm / Die schwarze Ährenleserin / (und zum Schluß, wie bei Julien Green) Schläfer.

Viele dieser Beiträge sind so von Paris imprägniert, sind so in Paris aufgegangen, daß jede Distanz fehlt, auch die Distanz der Liebe, der Freude, der Bewunderung. Am stärksten hat sich diese Distanz daher logischerweise bei einem Nichtdichter, bei dem genialen Architekten Le Corbusier erhalten, dessen herrlicher, emporschwingender, aber ebenso wie seine Bauten ganz schmuckloser, nahezu klassischer Aufsatz an die grandiosen Grabreden der großen Rhetoriker zu Zeiten Ludwigs des Vierzehnten und Fünfzehnten erinnert. Bossuet von 1931. Aber nicht um die Grabrede eines verstorbenen Monarchen handelt es sich bei Le Corbusier, sondern um den Preis und den Lobgesang einer blühenden Stadt, die sich lange dem Liebenden, dem Wollenden, dem Mann versagt. »Ich möchte meine Liebe zu Paris in Worte kleiden«, sagt er, »Paris, ein Ort zitternd von Leben und doch mit der Atmosphäre einer großen Leere, in der die Kräfte wie im Wettkampf um Reinheit aufeinanderprallen. Die reine Idee allein ist Siegerin: wieviel Leichen ringsumher, wieviel Halbheiten, die unterliegen. So heiß ist der Kampf, so übermächtig die Masse säkularer Wahrheiten, mit denen man die neue Idee erdrücken kann, daß nur diejenigen Kämpfer widerstehen, die lachen, die trotz allem singen, die mit dem klaren Wissen um ihre völlige Uneigennützigkeit wirken ...Cartesianisches Paris, das keine Verwirrung kennt. Klares Paris...« Dies ist die heilige Nüchternheit, hier ist der Ausdruck des männlich herben, kompromißlosen Idealismus – hier spricht vielleicht am verständlichsten die Stimme dieser Stadt, dieses Landes, dieses in seiner Klarheit vielleicht am dunkelsten Volkes, das zu gleicher Zeit wie Diamant zu leuchten und wie Kohle zu brennen weiß.

Sergej Tretjakow, Den-Schi-Chua

Der bekannte russische Schriftsteller Tretjakow leitet sein letztes höchst merkwürdiges Buch (»Den-Schi-Chua. Ein junger Chinese erzählt sein Leben. Bio-Interview.« Malik-Verlag) mit folgenden Worten ein: »Das Buch Den-Schi-Chua haben zwei Menschen gemacht. Den-Schi-Chua selbst hat den Rohstoff der Tatsachen geliefert, und ich habe sie ohne Entstellung gestaltet. Ein halbes Jahr unterhielten wir uns täglich vier bis sechs Stunden. Er stellte mir freigebig die Tiefen seines wunderbaren Gedächtnisses zur Verfügung. Ich wühlte darin herum wie ein Bergmann. Ich war abwechselnd Untersuchungsrichter, Vertrauensmann, Interviewer, Gesprächspartner und Psychoanalytiker.«

Den-Schi-Chua: junger chinesischer Student am russischen Seminar der Nationaluniversität in Peking. Stammt aus Setschuan, einem kleinen Provinzbezirk mit nur 70 Millionen Einwohnern. Seine Sprache ist nicht rein chinesisch, sondern setschuanisch; als er in Peking eintrifft, muß er die Sprache der Weltstadt lernen. Er lernt sie. Er lernt auch Russisch, vielleicht nicht »perfekt«, die chinesische oder setschuanische Zunge kennt das R nicht – aber er lernt genug, um sich mit dem russischen Schriftsteller und Politiker aussprechen zu können, und das Ergebnis dieser Geistesehe auf Zeit ist dieses Unikum.

Ein Jugend-, ein Erziehungsroman größten Ausmaßes, in dem. sich der Geist des östlichen Menschen fast restlos durchsetzt gegen den des westlichen. Für uns liegt Rußland östlich, hier in. diesem auch weltanschaulich ganz einzigartigen Werke sieht jemand Rußland aus der Tiefe der jahrtausendealten chinesischen Überlieferung als das moderne, aufgeschlossene Gebiet des Westens an, das Land der gefestigten Tradition, während China noch das gigantische, jahrtausendealte Kind ist, das eben zu erwachen sich anschickt.

Ein Kunstwerk im Sinne des kunstmäßigen Aufbaues ist dieses Buch nicht. Der Held ist kein Charakter – eher ein menschlich bezauberndes, viel vermögend es Talent, aus der Stille kommend, der letzte Sproß mächtiger Schwert-Ahnen, nie frei von den Banden und Bündnissen der Familie. Ein zarter, fein empfindender Sohn eines starken, herben, kaltherzigen, idealistisch strengen, jeder Sentimentalität abholden Vaters.

Ein einziger Sohn. Ein einziger – und sein Eigentum. Der Russe kann, soweit man aus der etwas gekürzten, aber jedenfalls sehr sprachgewandten Übersetzung schließen kann, die Berichte des jungen Studenten nur »eingerichtet« haben. Dafür sei ihm gedankt. Er hat den zarten Schmelz dieser Jugendbeichte eines Schwächlings, dem aber Grausamkeiten nicht seelenfern sind, nicht angetastet.

Es ist ein persönliches Dokument. Aber dieser einzelne, der hier persönlich von sich, seinem Vater, der Mutter und der Stiefmutter, der Schwester, der Frau, von seinen Kameraden, von den Mönchen eines Bettelklosters ebenso plastisch wie von der »Studenten-Bohème« der Universität berichtet, er gibt uns das ganze China von heute. Kein Winkel des häuslichen wie auch des politischen Lebens, der hier nicht mit wenigen, aber meisterhaft gesetzten, scheinbar mühelos hingewischten Zügen seines Pinsels (Chinesen malen die Schrift mit dem Pinsel, sie schreiben sie nicht mit der Feder) uns deutlich vor Augen gebracht wäre – und mehr als das, es gibt in diesem Buche viele Stellen von unvergeßbarer Eindringlichkeit, etwas, dem die abgebrauchte Bezeichnung des »Allgemeinmenschlichen« in Wahrheit zukommt. Das heißt, es gibt Partien (immer nur Einzelheiten, gewiß, aber was für Einzelheiten!), die zum schönsten gehören, das ein Sohn von seiner Mutter, was ein Kind von seinem Vater, ein Freund vom Freunde, ein Auge von der Landschaft, was überhaupt ein Dichter von den Verwicklungen, Entwicklungen, Leiden und Freuden seines Herzens sagen kann und was jedem verständlich ist, was jeden an seine eigene Jugend, an seine eigene Einsamkeit, an sein Einsiedeltum und Eineinhalb-Siedeltum erinnert. Tage der Wehmut, Tage der Erinnerung.

Vielleicht hat jeder Mensch eine Epoche in seinem Leben, in der er am meisten er selbst ist, in der er, ich möchte sagen, sein »klassisches Ich« entfaltet. Hier, wie zum Beispiel bei dem großen Dänen J. P. Jacobsen (auch dieser ein zarter, lungensüchtiger), Sohn eines brutal gesunden Vaters, ist es die Zeit des Knaben, die Epoche der keuschen Ermannung, ja, das ewig

Jünglingshafte, das streng geschlossene Ephebenhafte, worin er uns am tiefsten ergreift, womit er uns am holdesten bezaubert, womit er sich zu Ende lebt, um in späteren, blasseren Jahren stiller werdend hinter seinem Jugendbildnis zurückzutreten, bevor er dann ganz im Flusse der Zeiten verschwindet.

Das ist es, was dieses Buch so einzigartig macht. Nicht die revolutionäre Wirtschaftslehre, nicht das »Kommunistische Manifest« und die Bauernbefreiung im fernen Rußland. Diese Sprache kann der junge Mensch nicht verstehen. Versteht er doch, in einer aristokratischen Einsamkeit höchster Bildung aufwachsend, nicht einmal die Sprache der Bootsleute auf dem. Flusse, die doch Fleisch von seinem Fleische sind. »Die Bootsleute singen ein Lied. Die Worte, die sie singen, findet man in keinem Wörterbuch. Das ist die einfache Bauernsprache, die mir, dem Gelehrten, unverständliche Sprache der Kulis, die keine Hieroglyphen kennen...« Aber eine andere Sprache gibt es, und die ist es, die ich unter dem »Allgemein-Menschlichen« verstehe, mögen auch die Gebräuche und Sitten des täglichen Lebens hier und dort verschieden sein wie West und Ost – und eine von den unzähligen derartigen Stellen möchte ich hier anführen als das Monument einer Mutter, gesetzt im Herzen des früh verlassenen Sohnes. Der Dichter beschreibt das Leichenbegängnis und die Trauerzeremonien seiner in Arbeit, Elend und Einsamkeit gestorbenen Mutter: »...Quer durch den Gebetssaal ist ein weißer Vorhang gezogen. Er trennt den Altar und den Sarg, der vor dem Altar steht, vom Eingang ab. Neben den Räucherfässern brennen zwei Ewige Lämpchen. Hinter ihnen sollte auf dem Tisch Mutters Porträt stehen. Aber es fehlt. Mutter hat sich immer geweigert, sich porträtieren zu lassen. ›Erstens‹, hat sie gesagt, ›sind jetzt schwere Zeiten, wir haben Revolution, und es ist gefährlich, Bilder im Hause zu haben. Das Glück kann uns untreu werden, und man kann uns nach den Bildern ausfindig machen. Und zweitens: wenn ich sterbe, dann gehen die Kinder zu meinem Bild und weinen, und ich will nicht, daß sie weinen...‹« Kann es Schöneres geben? Einfacheres, Wahreres? Um solcher Sätze willen lese man dieses Buch, ein Buch, wie es nur die Wirklichkeit schreibt, die Wirklichkeit, gesehen durch ein großes Herz.

Theodore Dreiser, Das Buch über mich selbst

Der Verlag Paul Zsolnay in Wien, dem wir auch die deutsche Ausgabe des mit Recht berühmten grandiosen Romans »Amerikanische Tragödie« verdanken, läßt nun den ersten Band einer Selbstbiographie Dreisers erscheinen: »Das Buch über mich selbst (Jugend)«. Es sind die ersten zwanzig oder zweiundzwanzig Jahre, die er auf über sechshundert Seiten schildert. »Ich weiß«, leitet er seine Lebensbeschreibung ein, »daß der gewöhnliche Sterbliche häufig große Scheu empfindet, das Gewebe von Begierden, Gefühlen und Beziehungen, in das er hineingestellt wurde und das seine ersten Bestrebungen, oft auch seinen nachmaligen Platz im Leben bestimmt, zu entschleiern. Ich aber will sogleich sagen, daß ich mich durch derlei Gedanken und Empfindungen nicht gehemmt fühle. Wer sich so sehr vor dem Leben fürchtet und innerlich so wenig gefestigt ist, daß er vor Angst fast stirbt, weil am Ende jemand erfahren könnte, daß sein Onkel ein Pferdedieb, seine Schwester eine Dirne oder sein Vater ein Bankerotteur war, der tut mir zwar leid, aber ich kann seinen Standpunkt nicht teilen.«

In diesen Sätzen, die bereits ganz charakteristisch sind für Dreisers Stil, nämlich für seine mannhafte Gedrungenheit und für seine an Meistern der Naturwissenschaft geschulte Voraussetzungslosigkeit, in diesen wenigen Zeilen des ungeheuer breit angelegten Buches hat Dreiser schon sein Wesentliches umrissen: Eines Gefährdeten Geschichte zu schreiben, das ist seine Aufgabe. Ohne Zynismus, aber auch ohne Scham hat es zu geschehen. Also nicht etwa eine Vita, wie die Julius Cäsars, Benvenuto Cellinis oder Goethes, will er geben. Kein klassischer Bericht eines klassischen Menschen erwartet uns, sondern eine romantische Beichte eines Toren, die Beichte eines verlorenen Sohnes der Gesellschaft, der sich nur mit der gewaltigsten, respektabelsten Anspannung aller positiven Eigenkräfte auf sich selbst besinnt, auf das Bessere, das nichtanimalische Teil seiner selbst.

Und der in diesem gewaltigen, respektablen Anspannen sein Werk entdeckt, seine Lebensaufgabe, sein irdisches Ziel, seine moralische Rechtfertigung. Ein Mann ohne Grundsätze, ja, ein Mann ohne Eigenschaften, eine Type Jean Jacques, in keinem Sattel ganz gerecht, mit keinem Wasser ganz rein gewaschen – und trotzdem einer von denen, die die Welt nach ihrer Art vorwärtsbringen.

Jeder Mann dieser Art ist bis zu einem gewissen Grade ein Findling, ein erratischer Block. Da er sich im Gegensatz, ich möchte sagen, in einer biologischen Dialektik gegen seine Umwelt entwickelt, wird er nie an einem Orte zu Hause sein, er wird vagabundieren, die großen Reisen werden ihn immer locken, weil es seine Bestimmung ist, kein festgegründetes Haus zu haben.

Schon die ersten Jugendjahre dieses Dreiser (ebenso wie des um soviel größeren Rousseau) sind ein unaufhörliches Übersiedeln. Kaum zwei oder drei Jahre, die Dreiser am selben Orte verlebt, in der gleichen Schule verbringt. Der Vater – ein aus Deutschland eingewanderter gewissensstrenger Katholik, ein starrer, engherziger Puritaner, ein stets verunglückender Spekulant. Schlechter Menschenkenner und noch schlechterer Menschenbehandler, ein übler Erziehungsdilettant, der durch Tyrannei ersetzt, was ihm, dem schizothymen, umweltfremden, seelendürren Mann an Einfühlungskraft in Frau und Kinder fehlt. Die Mutter, aus Mähren stammend, eine Slawin vielleicht, ebenso in die Breite gehend wie der Vater knorrenhaft in die Höhe, eine Frau, die lebt und leben läßt, Frau und Mutter ohne Fehl und Makel, auch durch die bitterste Not nie zu erdrücken, nie zu verbittern, selbst durch die giftigsten Ungerechtigkeiten des Lebens – sie ist nichts als eitel Liebe, Sanftmut, Heiterkeit im Elend, Humor, Selbstaufopferung. Nicht Selbstaufopferung aus dem Imperativ des Ideals – sondern Selbstaufopferung, weil sie ihr eigenes Selbst ohne die geringste Mühe mit dem Leben ihrer Angehörigen verschmilzt, sie ist wahrhaftig mit ihnen ein Fleisch und ein Blut, eine Seele und ein Geist geworden. Und deshalb hilft sie immer, bis sie stirbt.

Hier beginnt schon eines von den verschiedenen Exempeln »biologischer Dialektik«: in diesem Erben eines solchen Vaters, in diesem Sohne einer solchen Mutter. Wie gefährlich und fruchtbar zugleich dieser biologische Gegensatz dieses Elternpaares ist, erkennt man aus den Biographien der Geschwister Theodore Dreisers, unter denen sich in der Gestalt Romes ein

Zuchthäusler befindet. Andere Geschwister sind künstlerisch begabt, einer ist ein bekannter Chansondichter und Vaudeville-Schauspieler, die Schwestern sind alle schön, sinnlich und, mit Ausnahme einer einzigen, »leicht«. Aber sie sind nicht so »leicht«, daß sie den Boden der Bürgerlichkeit ganz unter den Füßen verlieren. Will ihnen das Schicksal wohl, das heißt; können sie in der Nähe dieser gesegneten, gütevollen, nur viel zu gütevollen Mutter leben, bringt sie das Schicksalsrad immer wieder nach oben, die Familie, schon durch ihren Kinderreichtum ihre starke biologische Potenz bekundend, strebt unaufhaltsam ins bürgerlich Breite, in den Wohlstand, die hausbesitzende Ruhe, die gesättigte Wirtschaft der Bourgeoisie, sie entwickelt sich vom Träumen zum Besitz, aus der sittlichen Gefährdung zur hochaktiven Leistung.

Theodore, einer von den zehn Geschwistern, entwickelt sich vom Träumen zum Schaffen. Er ist ein schlechter, oder besser gesagt, ein schwacher Schüler, ein großer Leser, ein des Lebens nie satt werdender, bewundernder Beobachter der freien Natur, ein Biologe schon als Kind, ein Mann des Schauens, des intuitiven Erlebens, für den es keine Grenze gibt zwischen dem Reich der Phantasie und dem der Wirklichkeit. »Schreiben war leicht und lesen herrlich!« sagt er einmal von sich. Hier ist bereits die zweite biologische Antithese, ein traumseliger Hans im Glück, der aber dann wieder ganz unverträumt auf die Arbeitssuche geht, um der in Hungersorgen bedrängten Mutter beizustehen, ein kleiner, mutiger Soldat des Lebens, der sich den groben, abgerackerten Bauern auf dem Lande verdingt und der, von der Arbeit im buchstäblichsten Sinne (wie später einmal der ähnlich geartete Jack London) zerquetscht, atemlos vor Müdigkeit, unfähig zu einem Wort, zu Muttern zurückkehrt. Aber wozu braucht es Worte? Diese Mutter begreift alles, sie nimmt den Mißerfolg des Sohnes auf sich, sie weiß sofort aufzurichten, was die soziale Unordnung der damaligen Gesellschaft, die unter Arbeitslosigkeit schwer zu leiden hatte, verschuldet hatte. Sie ist eine Haushälterin, sie »hält« das Haus. Und ihr Sohn Theodore ist nicht arbeitsscheu wie sein vom Wandertrieb umhergejagter Bruder Rome, er ist nur nicht bürgerlich arbeitsfähig unter den damaligen Bedingungen der amerikanischen Gesellschaft.

Eine dritte und vielleicht die wichtigste biologische Dialektik besteht, wie man hier mit rousseauhafter Offenheit erfährt, im Sexuellen. Theodore Dreiser ist ein krankhaft schüchterner Mensch, der sich keine Eroberung zutraut, der nicht an sich glaubt, der sich keine Frau vorstellen kann, der er, und gerade nur er, als Unersetzlicher (oder wie das alte banale Kosewort verliebter Mädchen lautet: Süßer, Einziger!) die Süßigkeit des Lebens als Einziger geben kann. Keine Tatsachenwirklichkeit kann ihn belehren, der Verstand mag ihn noch so sehr aufpulvern, das Gefühl, das nichts als seinen Unwert durchbohrende, duckt ihn nieder. Er weiß sich mit schlemihlhafter Genialität immer an den Platz zu stellen, wo er nicht gewürdigt werden kann, er ist also stets auf der Schattenseite zu finden.

Diese passive Haltung, diese Sehnsucht nach Verehrenkönnen, nach dem Sichbeugen und Anbeten, findet sich bei vielen Männern aus allen Geistesschichten. Tragisch oder – im Falle der Rettung – produktiv wird aber dieses abnorme Liebesvermögen erst dann, wenn auch eine aktive Tätigkeit, der Elan an das Leben und an die Frau heran das Durchschnittsmaß des genußsüchtigen Kleinbürgers weit übertrifft. Rousseau hatte es. Und dieser Theodore Dreiser hat es. Er hat es bis zum Verbrechen: »Nehmen wir an«, sagt er, »mein Blut sei gut oder schlecht gemischt. Aber infolgedessen habe ich vom Kopf bis zur Ferse gebebt, denn der Anblick der weiblichen Gestalt hat mich bis zum Einbruch in Familien, zur Vernichtung fremden Glücks, zu Lügen, Verführung und allem möglichen anderen verleitet. Kurz, deshalb habe ich angebetet, bis ich Befriedigung empfand, bis diese Befriedigung manchmal zu Übersättigung, ja zu Abscheu wurde und mit Flucht endete...« Mit Flucht endete? Nein, mit Arbeit! Mit dem Werk! Mit der »Amerikanischen Tragödie«, bis zur monumentalen Verewigung dieses unlösbaren Konflikts eines panerotischen Herzens mit einem wissenschaftlich gebändigten Intellekt.

Diese Partie seines Lebens verspricht uns Dreiser für den nächsten Band. Man kann ihn, wenn er das Niveau des ersten hat, nur mit freudiger Spannung erwarten. Zum Schluß ein Wort des Lobes für die Übersetzerin: Marianne Schön. Der spröde Stil des Autodidakten und eigenwilligen Stilisten Dreiser ist in einer außerordentlich schönen und einfühlenden Übertragung in die deutsche Sprache übergegangen.

Ernest Hemingway, In unserer Zeit

Wir sind gewohnt, den Autor von »Fiesta« und »In einem andern Land« als einen Klassiker amerikanischer Prosa zu betrachten. Es steht vor uns ein Klassiker nicht von der Art antikisierender Poeten, sondern einer von den seltensten, der Hamsunschen Art: ein Mann, der in seinen wenig zahlreichen, wenig umfangreichen, wenig gefühlsseligen Werken den metallischen, ausgeglühten Selbstwert des Lebens bringt: die einzige, die wahre, die unzerstörbare Substanz des Lebens eines Menschen unserer Tage, die relativ ewige.

Sieht man das Bild dieses Dichters Hemingway, so ergreifen uns inmitten seiner vollen, ein wenig müden Züge die außerordentlich hellen, wachen, sichernden Augen: die Augen eines Jägers. Ein Mensch, der dem Fliehenden nachjagt, der es erreicht, es erfaßt, es besiegt. Nicht die tief in den Höhlen liegenden, ekstatischen Augen eines Dostojewski, welche halb die Augen eines fanatischen Heiligen, halb die eines gejagten, gehetzten Tieres sind.

Man kann die Welt auf tausenderlei Art erleben. Hemingway ist und bleibt der Mann unter Männern, ein skeptischer Menschenkenner, ein sicherer Schütze, dem Genuß nicht abgeneigt, aber auch im tiefsten Genuß nicht seine noch tiefere Verzweiflung verbergend. Ein Mann in der Einöde, leidenschaftlicher Jäger, unermüdlicher, leidenschaftsloser Forellenfänger, alle Gefühle kennend, aber von Gefühlen unbeschwert, weil seine Meisterschaft alles bis in den Widerspruch in der klassischen Form zu umfassen vermag, einmal im Roman, dem tagebuchartigen grandios-zynischen Selbstbekenntnis, das andere Mal »In unserer Zeit«, im »geschnittenen Combinat«, das heißt: in Novellen, geschnitten mit kurzen Anekdoten; abgeschlossene Erzählungen, geschnitten mit Fragmenten. Die Novellen, die abgeschlossenen Erzählungen: die erste heißt: Indianisches Lager. Nick (eine Figur, die in anderen Novellen, aber nicht in allen, wiederkehrt), Nick, ein Knabe, der die ganze Sache nun erzählt, und sein Vater, der Arzt, setzen sich ins Ruderboot, die Indianer stoßen ab, sie rudern ins indianische Lager, eine Indianerin ist sehr krank, es ist Nacht, sie folgen einem jungen Indianer, der eine Laterne trägt. In der Blockhütte gibt es viele Hunde und eine junge Indianerin, die in Geburtswehen liegt und operiert wird – das Kind lebt, und dann gibt es ihren Mann, der aber nicht den »stolzen Vater« spielt, sondern der am Mithören des Jammerns, am Mitansehen des Verblutens, am Mitleiden des Leidens stirbt. Ein Paroxismus des Zusammenlebens primitiver Herzen: Der Indianer ruht mit dem Gesicht zur Wand, unter einer Decke im Winkel vergraben, der Kopf ruht auf dem linken Arm, das offene Rasiermesser liegt mit der Schneide nach oben zwischen den Decken. Untergang eines Menschen durch die Magie der Liebe.

Paroxismen dieser Art, äußerste, fast unbegreifliche, nahezu magische Grenzfälle der menschlichen Seele, können heute nur in einer Darstellung ertragen werden, die mit knappster, keuschester, wahrhaftigster Schlichtheit, oder sagen wir besser, mit nordischer Verschweigung dargestellt werden. Ein Atom Sentimentalität, ein Gran Gefühlsduselei – und wir schütteln uns – schütteln uns unergriffen – vor Ekel.

Hier berührt sich in einem wahrhaft einmaligen Glück des künstlerischen Schaffens der primitivste Ausdruck mit der raffiniertesten, ausgegorensten Erfahrung des menschlichen Tuns und Lassens – und das ist es, was ich die Klassik des Hemingway – seine Hamsunsche Vollendung nennen möchte.

Die alte, die romantische Novelle hat ohne das große Schicksal nie auskommen können. Alles war Deutung und Bedeutung, und von Reportage war sie sehr weit entfernt. Hier bei Hemingway nähert sich die Magie der Verkettung dem nüchternen Bericht der Tatsachen, und oft vereinen sich beide. Auf engstem Raum, in wenigen Zeilen. Nicht in der unnatürlichen Kompression des Expressionismus. Eher etwa in der Art eines Daumier – oder eines Goya, und das bei Themen, die man einem Delacroix am ehesten zutrauen sollte. Daumier wie auch Goya hat das Monumentale der Anekdote (oft, nicht immer) erfaßt, aber im ganzen Expressionismus gab es nicht eine einzige Anekdote.

Der Mensch – des Menschen Herr und Knecht –, das ist es. Nichts von Göttern, nichts von Flüchen und Segnungen, nichts von blinden, blöden Schicksalen, die über den Menschen zusammenstürzen. Nichts von Katastrophe: Denn der Aufbau der Welt, ihr sinngemäßes Gefüge bleibt bei Hemingway und Hamsun auch sichtbar im Untergang. Nein, der Untergang spricht nicht gegen die Existenzfähigkeit der untergehenden Welt, im Gegenteil, daran, daß eine Welt zugrunde geht, beweist sie (manchmal, nicht immer), daß sie wahrhaft gelebt, daß sie geblüht hat. Deshalb keine Sentimentalität: Man ehre den Untergang durch schicksalstreuen Bericht – und darüber hinaus schweige man.

Es sind exemplarische Novellen, beispielhafte Lebens- und Sterbensläufe, diese moralischen Novellen, die letzten unserer Zeit, ebenso wie es die ersten des alten Cervantes waren. Es gibt Stellen in diesem Buche (das nicht für alle ist), die man mit entblößtem Haupt zu lesen hat, so vor allem die folgende kleine Anekdote, das Fragment Nr. V: »Man erschoß die sechs Kabinettminister morgens um halb sieben an der Mauer eines Lazarettes. Wasserpfützen waren im Hof. Nasse, tote Blätter lagen auf dem Pflaster des Hofes. Es regnete heftig. Alle Fensterläden des Lazarettes waren zugenagelt. Einer der Minister hatte Typhus. Zwei Soldaten trugen ihn hinunter und in den Regen hinaus. Sie versuchten ihn aufrecht gegen die Mauer zu halten, aber er setzte sich in eine Wasserpfütze. Die anderen fünf standen sehr ruhig an der Mauer. Schließlich sagte der Offizier den Soldaten, es hätte keinen Sinn, ihn zum Aufstehen zu bewegen. Als sie die erste Salve abfeuerten, saß er im Wasser mit dem Kopf auf den Knien.«

Größe und Grauen des Menschen.

Das war es, was den Dichtern im Verlaufe des Weltkrieges unüberwindlich zu Bewußtsein kam und was sie nicht ohne Schrei ertragen konnten – so entstand der Expressionismus. Nun haben sie gelernt, alles zu meistern. Hemingway ist einer dieser Meister.

Italo Svevo, Ein gelungener Scherz

Italo Svevo, dessen an Zahl geringe, aber an Bedeutung schwerwiegende Werke ihre Zeit vielleicht erst noch vor sich haben, hieß eigentlich Ettore Schmitz. Ettore: Italiener, Schmitz: Deutscher. Er war 1861 in Triest geboren, seine Vorfahren waren Deutsche, die immer Italienerinnen geheiratet hatten. Als Ettore zwölf Jahre alt war, wurde er auf fünf Jahre in eine Schule bei Würzburg geschickt, wo er die deutsche Sprache völlig beherrschen lernte. Seine Götter waren Schopenhauer und Jean Paul. Seiner Sprache und seiner politischen Überzeugung nach war er Italiener, seiner geistigen Struktur nach Deutscher. Und hinter beiden ein Mensch der gewollten Anonymität, ein Freund der Maske. Unter der Maske »Ettore Samigli« beginnt er zu schreiben, später nennt er sich, in dankbarer Erinnerung an Schwaben, Italo Svevo, den italienischen Schwaben, den italienischen Deutschen.

Wer so wie er die Maske liebt, muß wohl meist sehr empfindlich sein, sehr stark ichverkettet, ichgefangen. Deshalb schützt er sein allerheiligstes, allerzartestes Ich vor der unbarmherzigen Hand der apathischen oder böswilligen Umwelt; er kämpft, weil er kämpfen muß, aber er kämpft mit geschlossenem Visier, und er kämpft, wenn er um Liebe kämpft, vor allem auch um die Liebe zu sich selbst. Wenn er um Erfolg wirbt, will er vor seinen eigenen Augen Gnade finden.

Noch ist es nicht das fürstlich souveräne, das und zugleich ichtrunkene, welttrunkene Genie eines James Joyce, dessen intimster Freund dieser noch unbekannte Italo Svevo gewesen ist, aber gerade dieser mönchische Zug gibt ihm etwas menschlich Ergreifendes. Seine Ichbefangenheit macht es den Menschen schwer, sich ihm zu nähern; hat man sich ihm aber einmal zugewandt, läßt er einen nicht los, er macht den Leser nicht froh, aber weise. Denn er ist sich selbst der klarste, kälteste Richter gewesen und so, wie er das Leben und sich selbst sieht, so ist er, und so ist die Welt.

Wenn er sich selbst schildert (und er hat nie etwas anderes geschildert), so schildert er die Welt, seine Anklagen gegen sich sind Anklagen gegen die menschliche Natur. Er kann zeitlos sein. Die nationalen Eigentümlichkeiten treten in den Hintergrund, und ich bin überzeugt, daß seine Werke noch in hundert Jahren einige Menschen, und nicht die wertlosesten, fesseln und über das hintergründige Wesen der menschlichen Seele aufklären werden.

Jede einigermaßen intensive Beschäftigung mit dem eigenen Ich wird seit einigen Jahren unter dem Sammelbegriff Psychoanalyse zusammengefaßt. Svevo war einer von denen, die den großen literarischen Wert dieser Methode erkannten, und es ist anzunehmen, daß Joyce ihm den ersten Hinweis darauf verdankt. Freilich, von wahrer Liebe, von tollen Leidenschaften, von sexuellen Kämpfen ist hier nur auf einer ganz anderen Ebene als der des Romanes die Rede. Wenn sich Menschen dieser Art (ich zähle auch Franz Kafka dazu) der intensivsten Selbstbeurteilung und Selbstverurteilung in glühend-kalter Pein hingeben, tun sie es wie Mönche – nämlich um ihrem großen Ideal ähnlich zu werden, nicht aber, um sich Menschen in Wahrheit anzunähern.

Nun leben aber Menschen dieser Art als Bürger unter ihresgleichen, Kafka war Versicherungsbeamter, Svevo war Kaufmann, beide schienen nach außen hin gute Bürger, sie waren sehr erfolgreich. Niemandem waren sie ein Stein des Anstoßes, nur sich selbst. Und doch im Wesensgrunde Mönche. Sie mußten sich daher ihre Klostermauern selbst bauen. Sie flochten sich selbst die Marterwerkzeuge, Ruten mit Stacheln gespickt, mit denen sie ihr Ich büßten, um es doppelt zu genießen. Unangreifbar gegen Liebe und Schmerz von außen her, gossen sie ihre gewaltige Gedankenwelt in klassisch schöne, kristallisch klare Form.

Unbeweibt, hager und eines frühen Todes sich selbst bewußt, von Menschen umschwärmt und dennoch stets in der tiefsten Höhle ihres Ichs allein – welch eine tragische Situation und – darüber hinaus – welch eine tragikomische! Sie sprachen und arbeiteten wie alle. Aber sie sprachen eigentlich nur von und für sich, sie arbeiteten nur an sich. Trappisten im Büro. Aus den Gegenständen ihres Lebens wurden Sinnbilder, Allegorien, Symbole, Schattengebilde an der Wand.

In dem vorliegenden Buche des Italo Svevo, »Ein gelungener Scherz« (Müller & Kiepenheuer Verlag), ist die Haupterzählung einem Manne gewidmet, dessen Wesen ganz das des Kafka, sein könnte. Seine Umwelt erscheint ihm unter dem Sinnbild von Sperlingen, über die er, der schriftstellernde Einsamkeitsmensch, schöne, klare Fabeln dichtet. Aber neben dem geschwätzigen vulgären Wesen der Spatzen gibt es auch ein stilleres, feineres: den kranken Bruder. Er ist das zweite Ich des Helden, und bei aller Liebe versündigt sich das erste Ich, der Dichter, am zweiten, dem kranken, leidenden Menschen. Und die Welt versündigt sich an beiden. Ein noch geschwätzigerer, noch vulgärerer Mensch, ein neidischer Kollege unseres Helden, macht sich einen »gelungenen Scherz« mit dem armen Seeleneinsiedler, und er, der Pessimist, ist im Grunde seines Herzens so glücksgläubig, daß er diese plumpe Falle noch nicht einmal ahnt, er ist so sehr Kind, daß er sich am vergifteten Brocken ehrlich freut, daß er bereit ist, die Zelle seiner Einsamkeit aufzugeben und die selbstgewählte Klausur zu brechen. Aber wenn es Glück ist, so muß es wohl, das ist der Sinn dieser grandiosen tragikomischen Legende, wohl Lüge sein.

Wenn man überlegt, warum sich ein so feiner, an Seelenweisheit so reicher Mann wie Svevo bei Lebzeiten und jetzt, nach seinem frühen Tod, so ungeheuer schwer durchgesetzt hat, so muß man wohl den Grund darin sehen, daß der Psychologe in ihm den darstellenden lebensfreudigen Künstler erstickt hat. Er hatte so gut gelernt, in den Seelen zu lesen, daß er darüber verlernt hatte, mit lebenden Menschen zu verkehren und unter ihnen glücklich zu sein. Er wurde Seelenarzt nur nach der Seite der Diagnose hin, nicht nach der Seite der Heilung hin. Er war weise, aber mitleidlos. Er schonte sich selbst nicht. Er setzte das Seziermesser nur am eigenen Herzen an. War es das wertvollste Objekt? Das einzige? Die Psychoanalyse hat ihn zum Meister der Seelendarstellung gemacht, aber sie hat ihn noch mehr als seine Landfremdheit den Menschen entfremdet.

Landfremd war auch Kafka, der deutsche und jüdische Dichter im slawischen Land. Vielleicht suchte Kafka gegen Ende seines Lebens die Scholle in Palästina. Svevo suchte sie in Italien. Heimisch wurden beide nicht auf ihr. Wie hätten sie auch auf einer Scholle heimisch werden können, wenn sie bei sich selbst, beim eigenen Ich nicht heimisch hatten werden können? Was waren ihnen die Menschen? Italo Svevo schrieb einmal Aufzeichnungen über einen Vortrag, den er über sich halten sollte, aber bezeichnenderweise nicht gehalten hat: »Ich lernte die Psychoanalyse im Jahr 1910 kennen. Einer meiner Freunde, der nervös erkrankt war, fuhr nach Wien, um sich psychoanalytisch behandeln zu lassen. Daß dadurch meine Aufmerksamkeit auf die Psychoanalyse gelenkt wurde, war das einzige erfreuliche Ergebnis dieser Kur ... Als Behandlungsmethode war die Psychoanalyse ohne jedes Interesse für mich ... aber sie ließ mich nicht mehr los. Es wurde ihr freilich nicht schwer, mich festzuhalten, da mein Geist von nichts anderem gefesselt war.« Daß mein Geist – von nichts anderem gefesselt war – das ist die Tragikomödie dieser genialen Menschen gewesen. Es sind Krankheitsberichte der europäischen entwurzelten, weisen, aber kalten Seele, die sie in ihren Büchern uns gegeben haben.

Eve Curie, Madame Curie

Die Lebensbeschreibung der Marie Curie und des Pierre Curie, die uns die jüngere Tochter des Ehepaares, Eve Curie, in einem breiten Band erzählt, darf nicht an den Maßen eines Kunstwerkes gemessen werden. Aber sie erhebt sich einzig und allein kraft des großartigen Gegenstandes über die »breite«, gefällige und private Darstellung eines Paares genialer Gelehrter, die zufällig an eine magische Substanz gerieten, das Radium. Denn es sind beispielhafte Lebensläufe, die ins Faustische aufragen.

Der Schwerpunkt der Darstellung liegt auf dem Lebenslauf der Frau. Nicht etwa, daß die Tochter das Wirken und Leiden der vieles prüfenden und viel geprüften Mutter überschätzt hätte auf Kosten des Vaters, den sie durch einen sinnlosen Unfall als Kind verloren hat. Sondern es liegt so, daß Marie Curie, geborene Skłodowska, vielleicht ihre ersten Entdeckungen nicht gemacht hätte ohne den Zauberhauch eines magischen Mannes, daß sie aber, unbestreitbar nach dessen Tode auf sich gestellt, aus ihrer wissenschaftlichen Forschertätigkeit neue und zwar unermeßliche Früchte abgeerntet hat, daß sie darüber hinaus (im Kriege) eine humanitäre Linie eingeschlagen hat, die der Bewunderung wert ist, und daß sie es sich niemals gegönnt hat, ihrem Schmerz zu leben, so wie sie es sich niemals gegönnt hat, ihrer Eitelkeit (die man vielleicht mit Unrecht als Haupteigenschaft der Frau ansieht) zu leben. Sie hat »wesentlich« weitergelebt, sie hat dem Weltruhm widerstanden, das heißt, sie ist niemals »weltlich« geworden, sondern ist dank einer einzigartigen Geschlossenheit eines von Natur aus edlen Charakters ausschließlich dem Herrlichsten in ihr treu geblieben, und zwar ohne es zu wollen und ohne es zu wissen.

Es sind zwei große Versuchungen, die an diese schöne, arme und fanatische Kleinadelige aus einem Nest Polens herangetreten sind, und die sie beide – und unter welchen Opfern und Schmerzen! – überwunden hat. Die erste war der nationale Fanatismus. Im Jahre 1863, nach achtzehn Monaten verzweifelter Kämpfe zwischen den aufständischen Polen und den siegreichen Russen, werden auf den Festungswällen von Warschau fünf Galgen aufgestellt, an denen die Körper der Insurgentenführer baumeln. Vier Jahre nachher, am 7. November 1867, wird Marie Skłodowska geboren. In der Schule, wo sie wie alle andern Kinder gezwungen wird, russisch zu sprechen, russisch zu beten, auf daß sie erlerne, russisch zu fühlen, sammelt man Geld, um eine Messe zelebrieren zu lassen, damit ihr aller »sehnlichster Wunsch« in Erfüllung gehe. Und was wünschen diese national gesinnten Kinder? Daß die typhuskranke Tochter des Schuldirektors, eines russischen »Spions« (in Wahrheit ist er ein mittelmäßiger Banause), bald sterbe!

Die zweite Versuchung war die (für uns) verständlichere: die Liebe, der Bund der Jugend. Als junges Mädchen, in einer demütigenden und opfervollen Zeit als Gouvernante (sie hat alles auf sich genommen, um der Schwester das Studium der Medizin in Paris zu ermöglichen), verliebt sie sich, wird geliebt – und scheitert. Wenn man ihren Briefen glaubt, ist sie gebrochen, und zwar auf immer: »Meine Zukunftspläne? Ich habe keine … Mich durchschlagen, so gut es geht, und wenn es nicht mehr geht, dieser schnöden Welt adieu sagen … Manche Leute reden mir ein, daß man eine gewisse Krankheit durchmachen muß, die man Liebe nennt. Dafür habe ich aber gar keinen Platz in meinen Plänen. Wenn ich früher einmal andere hatte, so sind sie in Rauch aufgegangen, ich habe sie begraben, eingesargt, versteckt und vergessen…« So viele Worte für das einfache *Nein!* Man merkt wohl, daß die Wunde weiterblutet – und sie wird sich niemals dadurch schließen, daß Marie Skłodowska in der gleichen Weise ein zweites Mal liebt, sondern dadurch, daß sie in ganz anderer Weise, in höherer Weise, oder sagen wir, in kärglicher, bescheidener, nüchterner Weise liebt, daß sie sich der Wissenschaft ergibt, nachdem sie den Kelch der Liebe zu bitter gefunden hat. Ein Faust also, der zuerst die »Gretchenepisode« erlebt hat (welche Torheit, Gretchen, die entscheidende Wendung, die einzige Gefahr Faustens eine Episode zu nennen!), und der dann erst sich den Büchern, den Retorten hingibt, der also den Erdgeist bändigt, weil er ihn liebt und ihm auf diese Weise kraft der Liebe zur Sache seine Geheimnisse abgewinnt! Die Erde also hat sie ins Leben zurückgerufen, nicht die Osterglocke. Ihrer Schwester schreibt sie: »Ich möchte, daß Du Dein Doktorat machst. Es scheint, daß das Leben für keine von uns leicht ist. Aber was, man muß Ausdauer und insbesondere Selbstvertrauen haben. Man muß daran glauben, für eine bestimmte Sache geboren zu sein, und diese Sache muß man erreichen, koste es, was es wolle. Vielleicht wird alles in dem Augenblick, wo wir es am wenigsten erwarten, gut ausgehen.« Sie ist also, wo sie sich an die Erlösung durch den klaren Willen klammert, Optimistin. Sie kann nicht mehr wie Faust durch den nüchternen genießerischen Menschenverstand (und das ist Mephisto, keineswegs aber ein wahrhaft Böser) verführt werden. Anstelle dieses Teufels (des Gottes der guten Ausreden) tritt das magische Gute und Holde in ihr Leben, der Mann, der ihr alles bedeutet, was ihr von nun an ein Mensch sein kann, die Liebe ausgenommen. Er wirbt um sie. Sie weigert sich, obwohl sie durch seine Hilfe furchtbaren Entbehrungen, qualvollen, unbeschreiblichen, ein Ende bereiten könnte, und zwar aus zwei Gründen: Sie will dem Lande ihrer Geburt nicht untreu werden, »später einmal werde ich in Polen Lehrerin sein«, antwortet sie ihm auf seine scheue Werbung, »werde versuchen, mich nützlich zu machen. *Wir Polen* haben nicht das Recht, unser Land zu verlassen.« Und zweitens, weil sie ihn nicht liebt, wenigstens mit dem Blute nicht. Als er sie endlich überredet hat (wie könnte sie einem so herrlichen und so kraftvollen und so bescheidenen, fürstlichen Mann widerstehen?), schreibt sie ihrer Freundin: »Ein ganzes Jahr habe ich gezögert ... endlich habe ich mich mit dem Gedanken abgefunden, mich hier niederzulassen. Wenn Du diesen Brief erhältst, schreibe mir: Madame Curie, Schule für Physik und Chemie, 42, rue Lhomond. So werde ich von nun an heißen. Mein Mann ist Lehrer an dieser Schule.« Von nun an beginnt eine Ehe ganz neuer Art, es ist, wenn man das mißbrauchte Wort wiederbeleben darf, eine vollkommene Ehe, gerade weil sie auf einer ganz anderen Grundlage ruht als jene andere, von der uns heute eine ganze Weltumwälzung trennt. Was für ein Mensch ist dieser Pierre Curie, Sohn eines alten hochbürgerlichen französischen Gelehrtengeschlechts? Er sieht jung aus, ist aber schon fünfunddreißig Jahre alt. Auffallend ist der Blick seiner hellen Augen, eine »Spur von Lässigkeit« seines schlanken, knochigen Körpers. Langsam, bedächtig in der Sprechweise und doch noch recht unruhig, bedürfnislos. So von Genie angefüllt, daß er leise, scheinbar tatenlos, »schlafversunken«, wie er es nennt, sein darf und daß sich ihm dennoch die Welt entschleiert. Er zerreißt den Schleier nicht. Er durch-schaut ihn. Vielleicht ist es kein Zufall, daß ihn die Kristallisation, das große Problem Goethes, Stifters, Stendhals magisch anzieht. Auch er ist ein Monomane, aber einer von einer sehr gelösten, heiteren, krampflosen, verträumten Art. Er lebt jedoch nicht im Traum. Er ist sanft, nicht süß. Er sieht in der Frau den Gegner, wenn nicht den Feind: »Wenn wir Männer, von einem geheimnisvollen Gefühl getrieben, einen Weg beschreiten wollen, der uns den uns Nahestehenden entrückt, wenn wir alle unsere Gedanken einem *Werk* widmen, haben wir mit den Frauen zu kämpfen. Die Mutter will vor allem die Liebe ihres Kindes und sei es auf Kosten seiner geistigen Entwicklung. Die Geliebte will gleichfalls den Mann besitzen und würde es ganz selbstverständlich finden, wenn man den größten Geist der Welt einer Liebesstunde opferte.« (Gerade das hat Faust getan.) »Der Kampf ist fast immer ungleich, weil die Frauen die gerechte Sache für sich haben. Denn es geschieht im Namen des Lebens und der Natur, daß *sie* versuchen, uns zu sich zurückzuführen.« Es begegnen einander also in Pierre Curie und Maria Skłodowska zwei Menschen der gleichen Art, die sich keineswegs ergänzen, sondern, die sich viel eher, wenn man dem »Kampf ums Dasein« und dem »Willen zur Macht« glauben sollte, nach Strindbergscher Manier bis aufs Blut (und bis auf das Blut ihrer Kinder) bekämpfen und zugrunde richten müßten. Nichts davon! Eine glückliche – nein, Glück ist nicht das wahre Wort, es ist zu irdisch, zu heiß –, eine selige Ehe, das ist es, was sie erwartet. Und wie ist das möglich? Sind es denn nicht Wesen von Fleisch und Blut, das heißt von Leidenschaften befeuerte, von Enttäuschungen verhärtete Naturen wie wir alle? Nein, sie sind es nicht. Sie sind frei von Gewalttätigkeit. Sie lieben das Helle, das Dunkle ist ihnen verhaßt, sie kennen den Willen zur Nacht nicht, sie sind von Natur aus großmütig und gesund, sie sind mit den Urgründen der Welt von Natur aus vertraut, sie erklimmen infolgedessen den Gipfel ohne Schweiß, es sei denn der freudige Schweiß nutzvoller, glückhafter Arbeit. Sie genießen das Leben, versuchen aber nicht, den Becher, aus dem sie getrunken haben, nachher zu zerschmettern oder gar zu verschlingen. Sie eifern nicht. Was sie erreicht haben, gehört ihnen gemeinsam. Sie sind das vollkommene erste Kollektiv. – Nach dem stupiden, unzeitgemäßen

Tode des Gatten durch einen Straßenunfall hat die Frau weitergearbeitet, stumm, fast ohne Klage, sie hat sich den Ausbruch einer lauten Verzweiflung nicht gegönnt; keine Träne. Alles bleibt in ihr. Sie hat dann zum zweiten Mal den Nobelpreis für ihre Arbeiten erhalten. Bei einem öffentlichen Vortrage sagt sie: »Es liegt mir daran, ...Ihnen in Erinnerung zu rufen, daß das Radium und Polonium von Pierre Curie in Zusammenarbeit mit mir entdeckt wurde.« So wenig sie die Habsucht in bezug auf Eroberungen des Geistes kennt, so wenig auch in bezug auf Geld. Sie hat ein Verfahren zur Gewinnung von Radium aus den Pechblendeschlacken unter unbeschreiblichen Mühen und unter Lebensgefahr, völlig auf sich und auf die physische Kraft ihrer beiden Arme gestellt, vom Staat, wenn nicht gehemmt, so doch keineswegs gefördert, herausbekommen. Wenn sie nun als Witwe dieses Geheimnis *des Steins der Weisen* patentieren ließe, könnte sie sich und den vaterlosen Kindern ein sorgloses Leben sichern. Sie lehnt es ab, ebenso verzichtet sie darauf, ein Gramm Radium, eine Million Dollar wert, das ihr Amerika generös zur Verfügung stellt, für sich zu behalten, sie gibt es weiter. Es ist ein Wunder, daß sie am Ende ihres Lebens etwas Weniges an Geld besitzt. So lebt sie einsam, allein zwischen ihren Kindern, fern von der Welt mitten im rauschenden Erfolg, eine Art geistliche Schwester, eine Nonne der Wissenschaft. Eine gewisse Kälte strahlt von diesem untadelhaften, diesem vollkommenen Menschen zum Schluß des Lebens aus. Man sieht es an den Porträts, es ist bei dem Bild aus dem Jahre 1929, sechs Jahre vor ihrem Tode, etwas »von der anderen Seite«, das aus den tiefliegenden Augen, aus den in sich versunkenen, glanzlosen »geistigen« Zügen zu uns spricht. So auch die Äußerungen ihres Lebens. Sie will die Welt nicht. Sie wehrt sich gegen den Ruhm. Sie will der Masse, die so jammervoll sehnsüchtig nach einem neuen Ideal, nach einem neuen lebenswerten Ziel, nach, sagen wir es offen, nach einem neuen Götzen hungert, das alles nicht geben. Sie will kein Götze sein, kein Führer, kein Stern. Das »bittere Klima der Armut« hat sie nie verlassen.

Faust endet. Er baut. Er baut für sich – und stirbt. Wie Faust ist sie der Blindheit nahe, eine schwere, aber glückliche Operation rettet ihr das Augenlicht, diese Augen soll nur der Tod schließen. Fühlt sie ihn kommen? Ihre Tochter schreibt: »Plötzlich stürzte sie sich in eine ausgebreitete Tätigkeit, sie, die seit Jahren die eigene Bequemlichkeit vernachlässigt hat, denkt nur an den Bau eines Landhauses in Sceaux, an Wohnungswechsel in Paris, sie beschäftigt sich mit Bauprojekten, läßt sich in große Ausgaben ein, ohne zu zaudern...« Es scheint ihre letzte Freude gewesen zu sein. Der erste der zwei großen Jugendwünsche, die Heimkehr in das gelobte Land, der Mosestraum, ist unerfüllt geblieben, sie hat Polen nur durch das neuentdeckte »Polonium« ehren können. Und der zweite?

Aber mit ihrem Tode ist, sowenig wie bei Faust, ihr Leben zu Ende. Sie hat die Elemente gewaltig beschworen, sie hat sie in Aufruhr gebracht, oder, besser gesagt, sie hat ihrem ewigen Aufruhr, ihrem Dynamismus, unerschrocken ins Auge zu sehen gewagt. *Sie* ertrug den Geist, den sie rief und der ihr nicht glich. Die physikalische Welt, die Welt überhaupt, ist aus ihrem *Schlaf* durch diese kleine zarte Frau aufgestört worden, und bis zum heutigen Tage sehen wir diese Welt »gefährlich leben«, brennen, stürzen – und neu auferstehen. Aber der zweite Wunsch ihres Lebens? Sie hat sich einer fremden Rasse verbunden; jenseits der Lust, der sinnlichen Leidenschaft, nein, es muß gesagt werden, es ist so, jenseits jeder Liebe! Gegen Ende ihres Lebens schreibt sie ihrer Tochter: »Ich glaube, daß man sich leicht betrügt, wenn man alles höhere Lebensinteresse von einem so stürmisch bewegten Gefühl abhängig macht, wie es die Liebe ist...« Und sie sagt ein anderes, fürchterliches Wort weiter: »Die Liebe ist kein anständiges Gefühl.« Auch dies ist eine ungeheure Umwälzung der inneren Welt, eine moralische Revolution, eine Überwindung des christlichen Kosmos, der Sturz auf die Erde. Und so stirbt sie, die Katholikin, ohne Sakramente, ihre letzten Worte sind: »Hat man es mit Radium oder Mesothorium hergestellt?« – Und ob es jetzt Frieden war, der ihre grandiose Seele erfüllt hat, wer wollte es ergründen? Es liegt viel Unergründliches in ihr. Das Unwahrscheinlichste wird über ihren Tod hinaus Erscheinung.

Was man seit Urzeiten nicht gesehen hat, was einem Goethe versagt war, woran ein Napoleon zerschellte – von dem zum lallenden Kinde gewordenen, kinderlos sterbenden Nietzsche zu schweigen –, hier in dem Ehebund zweier bescheidener Menschen wurde es offenbar, sie überlebten sich großartig in ihren Kindern. Aus dieser ohne Liebe geschlossenen Ehe zweier grundverschiedener Rassen entsprangen zwei prachtvolle Kinder, von denen das ältere, einem Franzosen aus dem gleichen geistigen Breitengrade verbunden, bereits neue, ungeheuere Leistungen aufzuweisen hat, denen sich die Welt in freudiger Verehrung ohne Widerstand gebeugt hat: Irene Joliot ist mit ihrem Mann Leiterin des von der Mutter erbauten und eingeweihten Radiuminstitutes in Paris und Trägerin des Nobelpreises. Das neue Geschlecht, die neue Dynastie, setzt sich fort, das Ehepaar Joliot-Curie hat schöne, starke, gesunde Kinder. Sie haben in der Wahlheimat Wurzel gefaßt. Vielleicht wird dieses Geschlecht – es ist kein hoffnungsloses Geschlecht wie das von Bang – selbst in Äonen nicht untergehen.

Stefan Zweig, Magellan

Es ist der Lebensroman eines außerordentlich kühnen Mannes, den Stefan Zweig in seinem »Magellan« mit seiner kühlen Meisterschaft geschildert hat, die in ihrer Art unübertrefflich ist.

Magellan ist in Portugal geboren, ein unscheinbarer, düsterer, wenig mitteilsamer Mann, unbefriedigt von sich und vom Leben. Kein Kind des Glücks, aber doch ein Liebhaber des Abenteuers, ein Liebender des Schicksals, der unzählige unbeantwortete Liebesbriefe an dieses rätselhafte und im Grunde doch so einfache Schicksal aussendet, nie eine Antwort erhält, denn sein Leben ist ein einziger Mißerfolg in allen Erfolgen. Bis nach seinem Untergang, ja eben durch seinen Untergang das Schicksal diesem großen Werber die Antwort erteilt: ein glühendes Ja! Denn dieser Mann, unschön, finsteren Charakters, dem Verrat nicht abgeneigt, wenn es sich um eine hohe Sache, eben die seine, handelt, hat erreicht, was er wollte. Er ist vom Irrtum ausgegangen. Er hat unrichtige Landkarten, die er sich auf nicht ganz lautere Weise verschafft hat, falsch gelesen. Er hat falsche Mittel angewandt, er hat zuerst die große Geduld, die epische Form der Liebe noch nicht gehabt. Nach unbelohnt gebliebenen Kriegs- und Friedensdiensten hat er, zu kühn, zu sehr seiner selbst bewußt, seinem Fürsten das große Ja-Wort abzwingen wollen, und als dieser es ihm verweigert, hat er sein Land verraten, ist zu den Feinden Portugals, den Spaniern, übergegangen, hat dort Fuß zu fassen, hat dort etwas von dem ihm eigentlich versagten, bürgerlichen Glück zu kosten versucht, hat seinen Namen geändert, hat dem Herrscher Spaniens den verwegenen Traum seines Landes vorgetragen: nach Westen auszusegeln und von Osten zurückzukehren. Mißtrauisch ist er dem fremden Fürsten entgegengetreten, und sein Mißtrauen ist berechtigt gewesen.

Aber er, durfte man ihm trauen? Er erzwingt sich Gehör, er erhält fünf Schiffe, die er mit minutiöser Genauigkeit ausrüstet, treu nur einem, seiner Sache, seiner Idee. Menschen bedeuten diesem Amoralisten nichts. Sein letzter Schritt vor der Abreise ist der Verrat an dem Herzensfreund, dem Arbeitsgefährten. Er will allein sein, und selbst dann, wenn er unter seiner Mannschaft, in seiner Stadt ist, weht ein Hauch von Einsamkeit um ihn.

Das aber ist das Klima, in dem Liebesbriefe an das Schicksal geschrieben und beantwortet werden. Bald erkennt er, daß sein Plan falsch war. Das heißt, falsch für jeden anderen. Jeder andere, der anstelle der Durchfahrt auf einem bestimmten Breitengrade Südamerikas statt des Kanals nur eine gigantische Strommündung gefunden hätte, würde umgekehrt sein, hätte bereut, Mitleid empfunden mit der schwer geplagten Mannschaft, mit sich. Die Mannschaft empört sich gegen ihn, denn man ahnt seine Schwäche, man »riecht« seine Desillusion, man hat nicht vergessen, daß er nur ein Emigrant ist, willkürlich übergeordnet den nationalen spanischen Admiralen. Offener Kampf. Heimliche Tücke, Schlag gegen Schlag. Er siegt, er beruft mitten in einer eisigen Wüstenei, den Winter über in diese trostlose Gegend gebannt, das Standgericht ein – und verurteilt zum Tode den meuternden Admiral und zwei andere Offiziere, diesen zum Tode durchs ritterliche Schwert, die anderen zum Tode durch bitteren Hunger, denn er setzt sie aus auf der unwirtlichen Küste, als er endlich weitersegelt, mehr vom Mute der Verzweiflung angefeuert als von einem Strahl der Hoffnung. Und jetzt lächelt ihm das Schicksal zum ersten Male zu. Die gesuchte Durchfahrt besteht, es ist zwar eine höllische Straße, zwischen unfruchtbaren Klippen eine gefährliche, ewig von Stürmen gepeitschte Passage. Damit ist das Ziel erreicht, die Unsterblichkeit erkämpft.

Aber dies genügt dem gewaltigen Manne nicht. Er hat versprochen, von Osten zurückzukehren. Wenn er jetzt umwendet, ist nur die eine Hälfte des Versprechens gehalten. Darf er weitergehen? Kann er? Die anderen Admiräle warnen, es mangelt an Lebensmitteln. Krankheiten haben die Mannschaften, die Stürme haben die Schiffe zermürbt. Darf er? Kann er? Er muß. Ein Teil der Flotte desertiert. Er setzt mit dem meuternden Rest die Reise fort. Unbeschreiblich die Mühsale. Endlich sind die wärmeren Landstriche, die goldenen Berge, die Gewürzinseln mit ihren Millionenschätzen erreicht, er landet, und man empfängt ihn mit gebeugten Knien.

Kann er es sich jetzt genug sein lassen? Immer noch hat er die Antwort des Schicksals nicht verstanden; er glaubt, er müsse noch einmal kämpfen, noch einmal das Schicksal auf die Probe

stellen. Es handelt sich um einen winzigen, einen mikroskopischen Kampf von nackten, speer-
bewaffneten Beherrschern einer Insel, die man auf keiner geläufigen Landkarte findet. Und er,
inmitten seiner Getreuen, alle gepanzert und beschildet, erliegt einer Masse von maskenhaften
Menschen. Magellan fällt. Seine Leute fliehen, und niemals weiß man, was aus seiner Leiche
geworden ist. Aber was kümmert uns die Leiche, der Geist, der Wille, das düstere Feuer des
liebenden Werbers hat gesiegt, es ist, wie Zweig sagt, »für alle Zeiten erwiesen, daß die Idee,
wenn vom Genius beachtet, wenn von Leidenschaft entschlossen vorwärts getragen, sich stärker
erweist als alle Elemente der Natur, daß immer wieder ein einziger Mensch mit seinem kleinen
vergänglichen Leben, was Hunderten Geschlechtern bloßer Wunschtraum gewesen, zu einer
Wirklichkeit und unvergänglichen Wahrheit zu erschaffen vermag.«

Es ist ein Buch für Männer, es ist ein Werk für junge Menschen, die von einer Zeit wie der
unseren fast erdrückt werden, das Zweig hier geschaffen hat. Es gibt Mut. Und was brauchen
wir heute mehr als Mut? Wer das Buch Zweigs gelesen hat, hat neuen Mut gewonnen zum
Leben und zur Liebe. Denn Schicksal und Liebe – und sei es die zu einer Idee – ist es nicht
das gleiche?

Hermann Kersten, Die Kinder von Gernika

Im Verlag Allert de Lange, Amsterdam, erscheint Hermann Kestens »Die Kinder von Gernika«, eines der merkwürdigsten Bücher der Epoche. Es ist vielleicht der erste gelungene Versuch, mit der Welt von 1938 fertig zu werden. »Fertig werden« will heißen, sie so darzustellen, daß Menschen künftiger Generationen aus Werken solcher Art diese Welt oder Unweit wiedererkennen werden. Merkwürdig nenne ich das Buch aber nicht nur der Themawahl wegen. Es schwelen noch die niedergebrannten Mauern der kleinen Stadt Guernica im freiheitlichen Spanien. Flüchtlinge, wie sie Kesten schildert, begegnen uns Tag für Tag in den Straßen unseres Exils, die deutschen und italienischen Flieger schwirren noch immer über dem unseligen Land, und Schicksale, wie die der kleinen, friedlichen, eben noch so glücklichen Familie, erfüllen sich nach wie vor. Und noch ist kein Ende abzusehen. Darin liegt also das Merkwürdige nicht. Es ist hauptsächlich etwas ganz anderes.

Dieser Dichter begreift das feist werdende Grauenhafte, das vergnügte, zufriedene, unbestrafte Unrecht, das Ordinäre, das in dem »Sieg« des mechanisch Stärkeren über den mechanisch Schwächeren liegt; er ist Feuer und Flamme gegen die Niedertracht jener, die aus sicherer Position heraus, in ihrer hysterischen Eitelkeit die törichten Völker, die schwer zu belehrenden, aber so leicht aufzuwühlenden Massen gegeneinander hetzen; aber Kesten begnügt sich nicht mehr mit dem Zorn des Gerechten, nicht mit der Träne des Mitleids, noch mit dem stöhnenden Seufzer müder Verzweiflung: Er gibt uns Zeichen eines gewaltigen, vorerst geistigen Widerstandes. Er gibt unbarmherzige, kristallklare Einsicht in die Welt und in die Gegenwelt, er gestaltet aus einer sinnlosen Katastrophe ein dramatisches Gegeneinander.

Er zeigt aber alles eher als ein Gegeneinander von schlechthin sittlichen und schlechthin niederträchtigen Kräften, etwa eine tugendhafte Familie in der zerstörten Stadt und eine niederträchtige Generalversammlung oder Fliegermesse auf der anderen Seite. Er macht einen viel großartigeren Zug, der dem Genialen nahekommt: In der kleinen Apothekerfamilie – Vater, Mutter, sieben Kinder – läßt er sich die Gegenkräfte entwickeln, er läßt die Familie sich in zwei Teile spalten, und an die Spitze des einen setzt er den Vater, den sittlich einwandfreien, zu ewiger Erfolglosigkeit und Ungeliebtheit verurteilten modernen Hiob, und auf die andere Seite setzt er den ewigen Kain. Und in der Gestalt dieses feindlichen Bruders, dieses erfolgreichen Abenteurers, siegesgewissen Verführers, dieses humoristischen, niederträchtigen und bei aller äußeren Glätte brutalen Pablo schafft er eine von Bosheit, Leben, Klugheit und diabolischer Weisheit funkelnde Figur. Auf der einen Seite, sage ich, der »humane« Mensch, der Mensch an sich, der Bruder unter Brüdern, der ewige Gatte, der besorgte, selbstlose Vater, dem nichts gelingt. Der Bruder Pablo, den er vor zwanzig Jahren gerettet, dem er seine Lebensidee geopfert hat, kehrt zurück, der müde gewordene Betrüger erscheint eines Tages, auf der Flucht, zum Bettler geworden, mit gefärbtem Haar, zerfranst, abgedankt, erledigt. Er müßte unterliegen – und siegt. Das Schlechte, das Niederträchtige, das Spöttische, das Mephistophelische siegt durch ihn, gegen jede Erwartung, und doch muß es so, kann nicht anders sein. »Merkwürdig«, sagt der Vater, »du, Pablo, hablos, glücklos, ein Individualist, rechtlos, ritenlos, der sich den Bart rot und die Meinungen schwarz färbt, oder auch umgekehrt, ein ewiger Komödienspieler...« – »Wie deine Kinder!«, sagt Pablo. »Es sind Kinder«, sagt der Vater. »Daß ein Mensch wie du so an der Heimat hängt, am Haus, das ihm nicht gehört, am Brot, das nicht für ihn gebacken wird, an der Familie, die er verriet und die ihn ausstoßen wird – Pablo, Pablo, nur die Vagabunden sind Patrioten um jeden Preis...« Wer denkt da nicht an einen anderen, einen dermaligen Obdachlosenasylinsassen, an dem vor dreißig Jahren jede ähnliche Prophezeiung ebenso zuschanden geworden wäre, wie sie hier zuschanden wird? Es ist der heimgekehrte Pablo, der die Familie erobert, der sie lachend ins Unglück stürzt, der schuld daran ist, daß sie nicht rechtzeitig, wie es der besorgte Vater will, das Land verläßt und sich rettet. Die Mutter, diese schön gebliebene, bisher immer sittenreine Frau, wirft sich dem Stromer an den Hals, die erste nicht, die letzte nicht. Sie verrät zuerst ihren Mann, dann sich, und niemals kommt – welch meisterlicher Zug des Psychologen Kesten – ein Wort der Reue, des Mitleidens mit dem betrogenen Gatten aus ihrem Munde. Als eine Fliegerbombe in den Keller der Apotheke niederkracht, geht der Vater zugrunde, die schöne, tragisch umwitterte Tochter Innozentia, die sich für ihre Mutter geopfert hat. – Unbeschädigt bleiben die Mutter, dann der Held der Geschichte, ein Junge von sechzehn Jahren, altklug geworden durch das Unglück und im Grunde unberührt von allem, was um ihn vorgeht (denn welcher junge Mensch vermöchte das alles sehend, wissend, verstehend zu ertragen?) –und gerettet wird der pfiffige Lump, der großartige Zyniker, der Mensch, der so »gräßlich fröhlich ist«. Von ihm heißt es: »Jetzt, sagt er allen fremden Leuten, die ihm zuhören wollen, jetzt, sagt er, ist der Moment. Jetzt leben! Jetzt genießen! Der Fülle sich freuen, des Jetzt und Heut, des freundlich gleichen, des angenehmen Daseins. Süße Hoffnung aller Lebenden: Das Jetzt – und morgen nochmals.« Hier ist es das andere Lager, das spricht. Was bedeuten vor solch einem Pablo die edlen Worte der unedlen Witwe: »Ich meine, wenn meine Kinder mich fragen: Mutter, was für einen Sinn hat unser Leben? Was sonst kann ich ihnen sagen als: Rächt euren Vater! Rächt eure Geschwister! Rächt Spanien! Vergeßt, will ich ihnen sagen, die falschen Lehren eures Vaters. Vergeßt die Honigworte Christi. Vergeßt alles, was in den Gesetzbüchern und anderen Romanen steht! Lernt den Gang der Welt begreifen.« Aber der Gang der Welt heißt Pablo, nicht Antonio.

Das Große an diesem kleinen, hinreißend erzählten Buch ist der Trotz. Kesten wimmert nicht. Er gestaltet, er schafft in souveräner Kraft Figuren, unvergeßliche, die weiterleben, auch wenn man die letzte Seite des Buches hinter sich gelassen hat. Er widersteht. Er stellt das Faustische gegen das Mephistophelische und läßt das Faustische edel und das Mephistophelische lustig sein. Er kann dem Lauf der Welt mit scharfem Blicke und souveränem Humor folgen, selbst bis dorthin, wo sich dieser Weg ins schlechtweg Infernalische verliert. Er zeigt am Beispiel des armen, törichten, ratlosen, furchtsamen, zarten und zugleich so heroischen Jungen, wie wir zerrissen werden vom Gram über die Scheußlichkeit des Unrechts auf der einen Seite und von dem unzerstörbaren Drang nach vorwärts, der sich durch nichts hemmen läßt. Nicht durch die Moral, die ihn fesselt, nicht durch das Mitleid, das ihn schwächt, nicht durch das Unrecht, das ihn zu ersticken droht. »Dieser ganze Gedanke der Moral ist ein Funke des Wahnsinns«, sagt Onkel Pablo. »Lebe und genieße, Bruder. Und kümmert euch nicht um die Folgen! Mañana! sagen wir. Morgen! Morgen! Alles, was auf Erden geschieht, ist folgenlos.«

Kesten setzt seinem Buch ein Motto aus dem »Figaro« des Beaumarchais voran: »Et vive la joie! Qui sait, si le monde durera encore trois semaines.« Hier liegt, in diesen paar banalen Worten liegt der Sinn des Buches. Beaumarchais heißt Freiheit. Diese Weisheit ist »fröhliche Wissenschaft«, Zukunft, Rettung! Kesten ist nicht zynisch. Nur seine Gestalt ist es. Kesten ist nicht nihilistisch. Er ist auch nicht sentimental aufgeweicht wie der junge sechzehnjährige Held seines Romans. Er läßt die Kinder »Komödie spielen«, und doch schreien die Tatsachen zum Himmel, das Blut fließt, die Opfer stöhnen, und die ewige Flucht endet nie. Das bittere Brot der Armut und Emigration ißt sich so schwer. Wissen wir es nicht? Aber alles spricht er aus, nur das Wort der Lösung nicht; es ist aber da, es leuchtet durch, so wie es durch die sentimental zynischen Aventüren des nihilistischen Revolutionsfriseurs Figaro hindurchleuchtet, und es ist nichts anderes als die Freiheit. Das erste Buch Hermann Kestens heißt »Josef sucht die Freiheit«. Dieses Buch hat der reifere Dichter noch einmal geschrieben. Er glaubt an die Freiheit, die ewiger ist als Faust und Mephisto, ewiger als alle Antonios und Pablos, die unvergeßlichen Figuren eines großen Buches.

Willi Bredel, Begegnung am Ebro

Ein Buch von brennender Aktualität, brennend im wahrsten Sinn des Wortes: dort, wo das Buch Willi Bredels, des Schöpfers der meisterhaften »Prüfung«, spielt, geht es heute ernst zu. Es brennt an den Ufern des Ebro, dort begegnen sich die zwei Welten, die man als Faschismus und Antifaschismus bezeichnet.

Ist es ein Roman? Ist es eine Chronik? Auf dem Umschlag des Buches (Verlag 10. Mai) nennt sich das Werk Roman, auf dem Titelblatt innen »Aufzeichnungen eines Kriegskommissars«. Bredel hat sich in die Schanze geschlagen. Er ist aus der Rolle eines Goethe als olympischer Betrachter eines Weltumsturzes herausgetreten, er hat sein Leben aufs Spiel gesetzt. Er hat das Recht, bei den blutigen Abenteuern von seinem Helden als ich zu sprechen. Vielleicht haben wir hier die Ansätze zu einer gewaltigen Unterweltschronik in der Art des Simplicius Simplicissimus. Ansätze, sage ich. Der Chronist, der nur die Wahrheit sagen, der sich nur auf das von ihm selbst Erlebte beschränken muß, ist dem Romanschriftsteller, dem Schöpfer und Abenteurer von eigenen Gnaden in die Parade gefahren. Das Buch ist zu ehrlich, es ist zu schlicht, zu echt, um ein Roman zu sein. Es gibt in Bredels Buche Stellen von ergreifender, blutiger tragischer Ironie. So schildert er an einer Stelle, wie zwei aus Österreich stammende Spezi ihre schweren Maschinengewehre gegen die Marokkaner, die an dieser Stelle der Ebrofront die abendländisch christliche Kultur verteidigen, in Stellung bringen, die Heiden singen ihre dumpfen afrikanischen Kriegsgesänge, die Loyalisten stimmen die Internationale an, Freudmann, der Barrikadenkämpfer von Floridsdorf bei Wien und sein »Freunderl« Gustl Wurzlhuber. Die Sache geht nicht gut aus, die zwei Maschinengewehre werden von den Moros auf raffinierte Art erkämpft (gestohlen kann man doch wohl nicht sagen), und Wurzlhuber wird durch die Handgranate eines Marokkaners getötet. Freudmann schleppt die Leiche des Freundes, ein zweiter Patroklus, mit sich ins Tal. Er kam geknickt und bleich wie der Tod, die Tränen rannen ihm über das Gesicht. Max trat heran, um ihn zu trösten: »…es hilft ja alles nichts«, tröstete er ihn, »wir müssen es ertragen, also Kopf hoch!« Der andere ist aber nicht zu beruhigen, er setzt sich, trocknet sein schwitzendes, tränennasses Gesicht: »Und ich habe die Schuld!« – »Ach was, da gibt es keine Schuldfrage!« – »Das erstemal, daß so etwas bei der Brigade Thälmann vorgekommen ist, das erstemal…!« Die anderen horchen auf, sehen einander an, Freudmann hat gar nicht von seinem Freunde Gustl gesprochen, nicht um ihn sind seine Tränen geflossen, sondern um die beiden schönen schweren Maschinengewehre.

Der Erzähler hält sich im Schatten, er berichtet schlicht seine Taten, er zeigt sein Gesicht nicht viel. Die eigentliche Zentralfigur wäre ein Spanier, Cabo Pedro, der als fanatischer Patriot den internationalen Helfern nicht wohlwill, die er aber als ebenso fanatischer Antifaschist braucht. Man hat verschiedene Verrätereien bemerkt. Ist er der Judas? Er ist es nicht, er ist der treueste der Treuen, der echte Kämpfer, das heißt, der widerstrebende, in dem der fanatische Egoismus des chauvinistischen Nationalen mit dem Altruismus des internationalen Sozialisten im Widerstreit liegen. Das Thema des Verrats ist hier nur angeschlagen. Die Versuchung nur angedeutet. In die letzte Tiefe dringt es nicht. Dazu hat Bredel vielleicht noch zuviel Achtung vor dem Menschen. Überzeugend und großartig in diesem Buche der guten Gesinnung ist die unkriegerische Seelenhaltung des Helden. Eines Tages begegnet er dem wahren Verräter, einem Agenten der Gestapo in den Reihen der Roten. »Kampf ist mein Element«, sagt dieser (zynischer als er dürfte), »Kampf und Kampf ist zweierlei«, erwidert Bredel sehr wahr, »ob man die Metzeleien heute noch Kampf nennen kann?« Und er setzt mit prachtvoller Offenheit fort: »Nein, ich bin nicht gern Soldat. Wüßte ich nicht, um was es geht, was alles von dem Ausgang dieses Kampfes abhängt, niemand würde mich hierher bringen. Für jene Landsknechte, die Soldat mit Leib und Seele sind, sich stets dort am wohlsten fühlen, wo die Gefahr am größten, hab ich kein Verständnis. Gibt es denn Barbarischeres, Unmenschlicheres als diese Massenvernichtungen, diese bombenwerfenden Flugzeuge.«

Bezaubernd eine kleine Liebesidylle, nur angedeutet dunkel im Erotischen, auch im Tragischen nicht erschöpft, mit dem Silberstift gezogen. Furchtbar in seiner nackten Realität eine

Schilderung der Verwundeten in einem Lazarett in Barcelona. Unvergeßlich sind hier die persönlichen, die bürgerlichen Schicksale, das ewig Bürgerliche und das ewig Satanische, Humanität und Hölle unter einem Dach, in einem Bett, in einem Angesicht »voll Blut und Wunden«, quälend und unvergeßbar. Rettungen, Untergänge, verirrte Kugeln, verirrte Seelen, der naive, erstaunte Blick des Chronisten, der alles beschreibt und es doch nicht fassen kann. Dieses Beschreiben und es doch nicht fassen können, das ist wohl der simplizianische Geist. Seine wahre Ausdrucksform ist der groteske Humor. Aber wo ist der Übermensch, Überheld, der im Grauen noch die Kraft zum Humor fände, im chaotischen Untergangsstrom die Überlegenheit des Lachens? Kraft hat Willi Bredel und Ehrlichkeit. Und wenn das Lachen, der schöpferische Hohn auch nicht von heute sind, vielleicht findet er sie morgen. Sie sind in ihm wie in jedem wahren Dichter. Er ist einer der wenigen Jungen unter uns, und es ist viel zu erwarten von den künftigen »Begegnungen«, die mehr sind als Prüfungen, nämlich Bewährungen. Er kehre nur zu sich selbst zurück, bleibe sich treu.

Stefan Zweig, Ungeduld des Herzens

In seinem ersten Roman hat Stefan Zweig ein ungeheures Problem entwickelt: das Mitleid. Er hat es entwickelt in drei großen Komplexen, die sich konzentrisch zusammenschließen um eine Mittelfigur. Es sind drei Welten (drei Männer), die Mitleid zu empfinden haben, die Mitleid schuldig sind, und ein Mittelpunkt, ein Mädchen, welches das Mitleid erfleht und herrisch verlangt und die doch alles andere eher als Mitleid will und braucht. Sie will Liebe, aber sie braucht Gnade. Stefan Zweig gibt keine kalte, trockene Dialektik. Menschliche Rührung, tiefes Begreifen des ewig Menschlichen, das ist: des ewig Tragischen; und das alles im Rahmen des alten unvergeßlichen Österreich-Ungarn: hinter blühendem Leben verwelkende Geschicke. Einfach und schlicht erzählt.

Der erste Komplex in dieser meisterhaft ineinander verschlungenen Komposition ist der Vater der mitleidswürdigen Heldin. Ein kleiner, harter, kalter, tüchtiger, enger Mann, geschäftstüchtig, erfolgreich, aus der Armut und dem Getretenwerden sich brutal emporkämpfend zu gewaltigem Reichtum. Als Herr Kanitz beginnt er. Als Großgrundbesitzer, Pseudomagnat auf oberungarischem Gut, Herr von Kekesfalva, verläßt er den Rahmen des Romans. Dieser Mann hat eine schwache Stelle. Er will etwas anderes sein als er ist. Er haßt sich, er ist sich zuwider: »Er starrte sich im Spiegel an, wie man die Fotografie eines Verbrechers in der Zeitung ansieht, um herauszubekommen, wo eigentlich in den Zügen das Verbrecherische steckt, im aufgestoßenen Kinn, in der bösen Lippe, in den harten Augen.« Eben hat er ein gutes Geschäft gemacht. Aber war es nicht zu gut? Erdrückt ihn nicht die Reue, weil er eine arme, verstaubte, verblühende, ahnungslose Frau um ihren Besitz gebracht hat – und erträgt er diese Last in seinem nur scheinbar kalten Herzen nicht? »Ja, so ein Mensch müßte man seih; lieber sich betrügen lassen als zu betrügen.« Die Reue wird tätig, das Mitleid siegt; der harte Mann wird weich, der Geizige großherzig, nimmt sich dieses verstaubten Fräuleins an, heiratet es, ist glücklich mit ihr und hat ein Kind, ein bezauberndes, schmetterlingsgleich anmutiges Wesen. Hier endet das Glück. Das Mitleid rächt sich. Die Frau stirbt, das Kind erkrankt und wird gelähmt. Ein kleiner, boshafter, verbitterter, anspruchsvoller Krüppel von neunzehn Jahren, so tritt Edith in den Rahmen der Erzählung. Sie bedeutet dem Vater alles. Er ihr fast nichts.

Mitleid hat mit dem Kind auch ein Wiener Arzt namens Condor. Ein Meister in der Kunst, »die Illusionen wegzuoperieren«, ein größerer Meister aber in der Kunst, Illusionen zu schaffen. Niemals kann er Edith heilen. Immer kann er ihr und sich einreden, sie sei auf dem Wege der Heilung. Das Herz des alten Kekesfalva ist schwach, und so »mußte dem alten Mann wieder eine Kampferinjektion Zuversicht verabreicht werden«. Er hat vielleicht Erfolg? »Medizin hat mit Moral nichts zu tun«, sagt er. Alle Mittel sind recht, wenn sie wirken, mögen sie noch so unwissenschaftlich, sagen wir es offen, mögen sie noch so schwindelhaft sein. Ein brutaler Optimist, die praktische Menschenliebe in Person.

Zweig setzt seinem Buch ein Motto voraus, in welchem er sich gegen »das schwachmütige, sentimentale Mitleid« wehrt, »das eigentlich nur Ungeduld des Herzens ist, um sich möglichst schnell freizumachen...« Er ist für »das andere, das einzig zählt, das unsentimentale, aber schöpferische Mitleid, das weiß, was es will, und entschlossen ist, geduldig und mitduldend alles durchzustehen bis zum letzten seiner Kraft und noch über dies letzte hinaus.«

Hat der Vater dieses Mitleid? Ja, kann er es denn haben, wenn er sich selbst mit bemitleiden muß? Wenn er ein geschlagener, im tiefsten völlig einsamer und beklagenswerter Mensch ist? Er seufzt, er weint, haßt, verleugnet sich, und vor lauter Tränen verliert er die Kraft der Führung. Er kann nicht führen, er kann nicht befehlen, er kann dem Kind die Augen nicht öffnen. Denn Edith ist deshalb besonders elend und bitter, weil sie keine Gnade kennt, weil sie die furchtbaren Tatsachen nicht zur Kenntnis nehmen will, weil sie einmal die Gesunde spielt, weil sie ein andermal mit dem Leiden kokettiert und es zynisch übertreibt, um schließlich wieder in Krämpfen und Zuckungen zu versinken. Sie ist sinnlich und doch zur Unfruchtbarkeit verurteilt. Ist das alles nicht furchtbar genug? Aber sie dreht sich den vergifteten Speer im Leibe um. Der Vater kann nur alles noch schwerer machen, er kann dem Kind nur das lustige Leben im leichten, schwebenden, tanzenden Wien von 1914 versprechen. Halten kann er nichts. Er glaubt nicht einmal an sich, wie soll er dem Kinde Glauben geben?

Und der Arzt, dieser Dr. Emmerich Condor, zweiter Hof, dritter Stock, Sprechstunde von 2-4? Er hat in Wien eine Armeleutepraxis, er könnte in Kekesfalva, an Kekesfalva reich werden, wenn er wollte. Aber er will nicht, er kann nicht. Er hat eine unschöne, verbitterte reizlose Frau – eine Blinde. Sie verlangt sein Mitleid für sich. Sie braucht ihn. Er gehört ihr. Sie gönnt ihn den Kranken nicht. »Alle wollen sie was von ihm«, schreit sie, »alle fragen und klagen!« So jagt sie einen jungen Leutnant weg, als er sich bei Condor Rat holen will, »einmal muß er seine Ruhe haben, weg jetzt! ...Weg, hab ich gesagt!«

Mit diesem jungen Leutnant sind wir bei dem dritten und wichtigsten Komplex des Romanes angelangt. Wenn man ihn nur flüchtig ansieht (so wie er sich selbst im Beginn schildert mit einer unnachahmlichen Lässigkeit, Sicherheit und Lebensbejahung), so sieht man nur eine Operettenfigur. Man muß Zweigs meisterliche Art bewundern, wie er, ohne daß man merkt wie, immer tiefer und tiefer geht, bis von dem »Offiziers-Schlieferl« nichts mehr übrigbleibt. Ein Mensch, einmalig und wahr. Kein einsamer, mißverstandener, übertriebener, leidsüchtiger mehr, sondern endlich einer, der gerne lebt, der beliebt ist, im Kreise seiner Kameraden seinen Mann steht. Ein prachtvoller Reiter, ein glänzender Soldat, tapfer bis zur Tollkühnheit, im Krieg die höchste österreichisch-ungarische Auszeichnung, den Maria-Theresien-Orden, als Flieger über den Piave erkämpfend. Er ist gesund. Er steht fest in einer Gesellschaftsschicht. Pflicht gegen Recht. Sein Stand ist seine Statik. Sein Gefühl ist seine Dynamik. Das ist der Konflikt. Hier hat Zweig den Kern der Tragödie erfaßt: Es gibt außer dem Mitleid des Menschen beim trauten Du und Du oder dem glatten kalten Spiegel gegenüber noch eine zweite Art Mitgefühl, nämlich das des Menschen mitten in der Masse, seinesgleichen vor sich, hinter sich, rechts und links, Väter und Söhne, Höhere und Niedrigere. Diese beiden Arten Mitleid sind unvereinbar. Wer auf der einen Seite siegt, muß auf der andern Seite fallen. Der junge Offizier kommt wie Parzival an die Stätte des Leidens und der Qualen und sieht nichts. Er fordert das Krüppelwesen, dessen aus Blech und Riemen gefertigte Gelenkstützen er unter den Seidenröcken nicht sieht, zum Tanz auf. Hysterischer Ausbruch, Jammer, Tränen und Geschrei – und echtes Leid. Scham des gutmütigen, aber ungeschickten jungen Menschen, Wunsch, es gutzumachen. Wie sollte ihm das in der Blüte der Jugend, mit all dem unverbrauchten Feuer, mit all dem Zauber der Montur – und mit der Bravheit seines Gemütes nicht gelingen? Er tut der Armen gut. Sie beginnt ihn zu lieben. Er empfindet zuerst nur Mitleid. Bald wird es eine Art ritterlicher Liebe. Hier erscheint ein Zug, der vielleicht der tiefste, weil selbstverständlichste des ganzen reichen Buches ist: Dieser junge Offizier, aus armem, aber gutem Haus, unterliegt nicht allein dem »Größenwahn der Güte«, er unterliegt auch der Macht des Geldes. Nicht, daß er sich verkauft. Dazu ist er zu ehrenhaft. Aber die warme Atmosphäre großer und gesicherter Reichtümer tut ihm wohl. Dem Vater Kekesfalva ist das Geld ein Fluch. Dem Arzt Condor ist es eine Last. Für den Offizier ist der Glanz des dicken Goldes aber etwas Helles, die erlesenen Gerichte, Weine und Zigarren etwas Erfreuliches. Er nimmt es hin und dankt und lacht. Er braucht nur eine Sorge zu haben, nämlich die, ob er helfen kann. Und er hilft. Er allein hilft. Er entwirrt die Gefühle. Er gibt dem verkrüppelten Kind den Ausweg ins Freie, nämlich den Ausweg des Ichbesessenen in die Nächstenliebe, den Weg aus der Arroganz in die Demut, aus der Bitterkeit in die Hoffnung. Er stiftet Frieden: Er gibt dem nüchternen und doch so glaubensseligen Geschöpf die Illusion, endlich um seiner selbst willen geliebt zu werden. Er gibt diese Illusion, weil er, der junge, unbedeutende Offizier, sie zum erstenmal mit Macht an sich selbst erlebt. Zum erstenmal spielt er die Götterrolle: »An jenem Abend«, erzählt er nach seiner Verlobung und nach den ersten echten Küssen seines Lebens, »an jenem Abend war ich Gott. Ich hatte die Welt erschaffen und siehe, sie war voll Güte und Gerechtigkeit ...ich fühlte mit Stolz, die Menschen liebten das Licht, das von mir ausging ...Ich und nur ich war der Anfang, die Mitte und der Ursprung ihres Glücks ...ein letzter Blick noch, ein Gruß, und dann ging ich, frei und sicher, wie man immer geht von einem gelungenen Werk, von einer verdienstvollen Tat...« Und hier ist das Ende. Im Augenblick, wo der Retter die Gerettete verläßt, um in die Gesellschaft zurückzukehren, aus der er stammt, zu der er gehört, für die er dient und die ihn als soziales Fundament stützt, da muß die ewige Verwirrung der Gefühle bei ihm beginnen, muß der Zweifel angehen, das Glück enden. Da muß die Göttergleichheit zu Hohn und die vermeintliche Kraft zur Schwäche werden. Das Buch spielt vor dem Kriege. Es ist also noch eine Welt, die in den Fugen hält. Es ist eine Hierarchie da, ein Stufenwerk der Ehre. Es ist ein Unterschied zwischen dem winzigen Monatsgehalt, dem Ehrengehalt eines subalternen Offiziers und den Riesensummen eines erfolgreichen Spekulanten. Es gibt ein Reglement. Mitleid mit einem armen, zur Kinderlosigkeit verurteilten jungen Mädchen; das ja. Aber eine Ehe mit dem kranken, gelähmten Millionärskind aus zweifelhaften Verhältnissen: nein! Das Reglement sagt nein. Die Gesellschaft sagt nein. Die Natur sagt nein. Ein Mann wie dieser da kann nicht geduldig einzig und allein seinem Herzen folgen, es sei denn, er zerbräche die ungeschriebenen Gesetze seines Ranges und die Gesetze der unerbittlichen Natur. Ob der tragische Ausgang Selbstmord heißt oder heroischer Verzicht – die Opferung einer echten Liebe (der Held liebt sein Werk in dem jungen Mädchen) bleibt unerläßlich. Der Schluß bleibt immer trüb. Kein geistlicher Trost. Kein Kloster. Also überhaupt kein Ausgang. Wer entsinnt sich nicht der kargen und doch so tiefen Worte eines Benjamin Constant in seinem »Adolphe«? Wer erkennt nicht das ewige Gesetz in all der Verwirrung wieder? Hier wie dort die Liebe und das Mitleid; die Pflicht und der Götterwahn der Güte; der Zwist, die Ungeduld des Herzens und das traurige Ende. »Sie hätte von mir verlangen dürfen«, sagt der junge Adolphe, als er sich von der viel älteren, lange nicht mehr unbemakelten und doch so mitleidwerten und in ihrer Art herrlichen Eleonore trennen soll, »sie hätte von mir verlangen dürfen, sie nicht zu verlassen. Ich wußte im Grunde meines Herzens, ihren Tränen hätte ich nicht Nein gesagt … ich entfernte mich nicht ohne lebhaften Schmerz von einem Wesen, das mir so einzigartig hingegeben war. Was für Tiefen tun sich doch in Verbindungen auf, die nicht enden mögen! Gegen unsern Willen werden sie zu einem unzertrennlichen Teil unseres Lebens! Lange vorher, in Ruhe, da beschließen wir bei uns, sie zu lösen. Wir glauben, daß wir mit Ungeduld den Augenblick der Ausführung unseres Planes herbeisehnen. Aber wenn der kritische Augenblick da ist, erfüllt er uns mit Schaudern. Und so grotesk ist es mit unserer erbärmlichen Seele bestellt, daß wir uns unter herzzerreißenden Qualen von einem Menschen trennen, an dessen Seite wir ohne Freude geblieben wären!« »Adolphe« ist 1816 erschienen. Alles hat sich seither gewandelt, aber das menschliche Herz, in seiner Einsamkeit, mit seiner Unvereinbarkeit seiner Gesetze mit denen der Natur und der Gesellschaft, ist es nicht das gleiche geblieben?

A. H. Tammsaara, Wargamäe

Es ist für unsere deutsche Emigrationsliteratur, in welche der jähe Tod Horváths, Tollers, Roths klaffende Lücken gerissen hat, von höchster Wichtigkeit, besonders für die Jüngeren unter uns, sich an den großen Leistungen der Gegenwart zu messen, und den Blick nicht zu verlieren für umfassende, kühne Darstellungen – nicht eines Einzelschicksals – sondern eines Landes, eines geistigen oder geografischen Klimas.

Zu diesen großen und auch durch einen gewaltigen äußeren Erfolg bestätigten Leistungen wäre erstens das Werk Bromfields zu nennen; zweitens der merkwürdige Roman einer zweiundzwanzigjährigen amerikanischen Lehrerin Mitchell, »Vom Winde verweht« (auf den ich im einzelnen noch zurückkommen muß), und drittens ein Werk, das von einer ganz anderen Welt Kunde gibt – und von einer ganz anderen Art Meisterschaft und Menschlichkeit: Ich denke an den bis heute unbekannten estnischen Dichter A. H. Tammsaare, dessen fünfbändiges Riesenwerk eben in dem Verlage Holle in Berlin unter dem Titel »Wargamäe« zu erscheinen beginnt.

Der Dichter ist 1878 auf einem Bauernhof geboren. Lungenkrank, hat er die schönsten Jugendjahre in einem Zauberberg, einem Lungensanatorium im Kaukasus verbracht, zwischen 1911 und 1916, in den schlimmsten Krankheitsjahren ist er fast verstummt, ein biblisches Drama »Judith« bildet den Abschluß seiner dichterischen Frühzeit. Schon vorher, beim Verlassen der Schule, hat der in estnischer Sprache schreibende, aber von slawischen Einflüssen (dem grandiosen Bauernromanzyklus »Die polnischen Bauern« von Reymont) beeinflußte Schriftsteller die Idee eines umfassenden Romanwerkes von »Blut und Boden« über zwei Generationen hinweg erfaßt.

Er hat zwanzig Jahre das Werk reifen lassen, dessen erster Band, eben das uns jetzt vorgelegte Buch »Wargamäe«, im Jahre 1906 erscheint. Von der Fülle der Gestalten, alt und jung, arm und reich, gut und niederträchtig, sinnlich und keusch, von der unbeschreiblichen menschlichen Wärme, Zartheit und Präzision der Darstellung hier in kurzem einen Begriff zu geben, ist unmöglich. Gewiß, es ist kein neuer Tolstoi. Dazu fehlt es an der Allgemeingültigkeit der Figuration, die Persönlichkeit des Dichters hat nicht das gigantische, vom Himmel zur Hölle reichende Ausmaß eines Dämonen wie Tolstoi, Aber wenn die folgenden Bände sich auf der Höhe des ersten halten, wird das Ganze ein Werk darstellen, das nicht allzuweit hinter »Krieg und Frieden« zurücksteht. In einem bestimmten Punkt ist er Tolstoi sogar etwas überlegen, er hat echten Humor, und hier steht er unter dem Einfluß Gogols, der seinerseits wieder von dem ur-originellen Ernst Amadeus Hoffmann – dem folgenreichsten Genie der deutschen Romantik – beeinflußt war. So rundet sich ein Kreis, in den vielleicht auch Hamsun gehört. Tammsaare schildert in dem Band »Wargamäe« nicht allein den Segen und Unsegen der Erde, sondern auch den gogolesken, von saftigem Humor geradezu strotzenden Kampf zweier Nachbarn, eines guten, anständigen Mittelmenschen Andres und eines vom Zwergteufel des Bösen getriebenen Dorfmephisto, eines wahren Genies im Erfinden von Tücken, Listen, üblen Meisterstreichen, ein kleiner Gott der Flöhe und der Läuse, eine Figur aus einem Guß, nicht mehr zu vergessen, eine Menschenschilderung, an der mehr als eine Generation junger Autoren lernen könnte – und die älteren auch.

Was uns aber ebensowichtig ist wie das Gewebe der ineinander wirkenden Gestalten, der Zauber einer trotz ihrer Häßlichkeit und Dürftigkeit tief geliebten Landschaft, das ist die geistige Grundlage, die sogenannte Weltanschauung, von welcher das Werk erfüllt ist. Bauplan, Grundriß der ganzen Architektur. Es ist, ich habe bereits darauf hingewiesen, ein Werk von Blut und Boden, eine Iliade des flachen Landes, der Sümpfe und auch der bunten Ernten. Das wird der Grund gewesen sein, weshalb ein Verlag des Dritten Reiches das umfangreiche Buch hat übersetzen und erscheinen lassen. Der Verlagsprospekt sagt wörtlich: »Hinter dieser eigenartigen Welt entdeckt der Leser eine wahrhaft weisheitsvolle und wurzeltiefe Weltanschauung.«

Was ist diese weisheitsvolle und wurzeltiefe Weltanschauung? Ist es der Gesang des »Volk ohne Raum«, der rücksichtslosen Vorwärts-Anarchie eines von sich berauschten Herrenwillens? Keineswegs. Es ist – der Geist der Bibel, es ist das Jüdischste unter allem Jüdischen, es ist das

Schicksal des armen geplagten Gerechten (oder Halbgerechten) Hiob, das den Ausklang, den Sinn des Ganzen bildet. Vom Biblischen kommt der Dichter her, von der Judith-Legende, die einen Hebbel ebenso wie einen Giraudoux inspiriert hat. Im Alttestamentarischen mündet er ein, soweit es sich nach diesem ersten Band beurteilen läßt.

Da ist der Lebensabend des guten arbeitsgetreuen Bauern, des Mannes, der das Moor urbar gemacht, die Ernten trotz Sturm und Not eingebracht hat, der Söhne und Töchter gezeugt, der gelebt, gelitten und geliebt hat: »Zu Hause angekommen, redete Andres kein Wort. Er trank nur ein paar Krüge gutes Bier, trank, bis der Kopf ihm schwer zu werden begann, denn er fürchtete, daß er sonst heute am Ende keinen Schlaf würde finden können und legte sich dann zur Ruhe nieder. Aber in der Nacht, sei es nun, daß die Wirkung des Bieres verflogen war, oder sonst aus einem Grunde, erwachte er und kroch leise aus dem Bett. Anfangs gedachte er aufs neue an das Bier zu gehen, aber dann öffnete er die Schranktür, holte die Bibel hervor und begann das Buch Hiob zu lesen, denn *durch Hiobs Mund* wollte er mit seinem Gott reden. Aber dann kam es so, daß, während seine Augen die Worte Hiobs verfolgten, seine Gedanken ihre eigenen Wege gingen, und schließlich wollte es Andres scheinen, daß die gelesenen Worte Hiobs sich zu seinen eigenen Gefühlen und Gedanken wandelten, zu seinen Sorgen und seinen Nöten, seinen Enttäuschungen und zu seiner Verzweiflung.«

Diese Verzweiflung ist aber nur das letzte Wort des Romanteiles, nicht des Ganzen, es scheint sich ein Evangelium der Liebe anzukündigen; nach der harten Gerechtigkeit die sänftigende Barmherzigkeit; nach dem Recht die Gnade. Die Weltanschauung, die also von den Männern des Dritten Reiches so gerühmt wird, sie ist keine andere als die uns allen teure des strengen Rechtes zuerst und der humanen, erbarmenden Milde nachher. Dieser neue Meister, A. H. Tammsaare, gehört also zu uns, und in diesem Sinne sei er gegrüßt. Die Welt wird noch von ihm hören.

Margaret Mitchell, Vom Winde verweht

»Vom Winde verweht«, der Roman, den Margaret Mitchell, eine noch nicht fünfundzwanzigjährige, vorher ganz unbekannte amerikanische Lehrerin verfaßt hat, ist ein Wunder. Es ist fast unbegreiflich, daß ein so junger, vom Leben so gut wie gar nicht berührter Mensch, die Kraft aufbringt, ein so umfassendes Weltbild, sowohl der äußeren Dinge als auch der Seele, zu geben. Es ist kein vollkommenes Kunstwerk entstanden. Unvergeßliche Seiten voll überraschender Weisheit oder überirdischer Schönheit wird man nur selten finden, aber das Ganze lebt. Es zittert und glüht vor Leben. Das ist die Quelle des ungeheuren Erfolges: drei Millionen Leser allein in Amerika. Kein neuer Gustave Flaubert. Aber eine neue George Sand.

Es ist ein Buch von 1000 engbedruckten Seiten. Die Zahl der auftretenden Personen ist ungeheuer. Weiße und Neger, alt und jung, alles ist mit der gleichen Kraft und Lust geschildert. Herrlich! Die Landschaften des Südens, der Baumwollplantagen, mit den schwermütigen Gesängen, der kleinen Städte mit ihrer muffigen Philisterwelt, reihen sich wie Perlen, jede in Fülle vollkommen gerundet, aneinander. Aber hart neben der Idylle steht die Revolution, neben dem Liebeserlebnis einer zweiten Madame Bovary steht eine gewaltige blutige Heldenerzählung der jahrelangen furchtbaren Kämpfe zwischen den Nordstaaten und den Südstaaten mit ihrer patriarchalischen Negerwirtschaft und der französischen Lebenslust und der lässigen Freude.

Das fast nur aus Enttäuschungen zusammengesetzte Leben der Heldin, dieser grünäugigen, schlanken, schwarzhaarigen, unbegreiflichen und magnetisch anziehenden Kreatur, Scarlett genannt, dies ist der eine Kreis. Den anderen bilden die Kämpfe, das Versagen der Obrigkeit, die Seuchen, der Schmutz, die unbeschreibliche Entbehrung, die Krüppel im Felde und in der Stadt, die erbärmlichen Kriegsgewinnler. Befreite Sklaven und entkettete Sklavenseelen. Lazarette voll unbeschreiblichen Jammers, dazwischen Rettungen. Glücksfälle. Furchtbare Wanderungen, Emigrationen, Okkupationen, Raubüberfälle eines anarchistisch gewordenen Staatswesens. Wie sehr erinnert dies alles an unsere Tage! Kann es uns trösten, wenn wir, atemlos von Seite zu Seite hastend, aus diesem Buch erfahren, daß alles schon dagewesen ist und daß es mit dem Menschenleben damals nicht anders bestellt war als jetzt?

Wie der Este Tammsaare, dessen großartige epische Schöpfung »Wargamäe« mit dem Roman der jungen Amerikanerin geistige Zusammenhangsfäden spinnt, ist es mehr die jüdische Weltanschauung, die der Psalmen und des Buches Kohelet als der geistige Gehalt der Evangelien, was als Grundgerüst diese zwei Werke aufrechterhält. Die Liebe aber, aus welcher das Evangelium die Basis des menschlichen Zusammenlebens machen will, »ist nichts wert«. Alles ist eitel. Spreu vor dem Wind. Aber bevor etwas Spreu geworden ist, muß es geblüht, muß es geglänzt und gewelkt haben, und das ist es, was uns diese gottbegnadete Erzählerin zu geben hat.

Das Buch spielt in den sechziger Jahren. Wie bezaubernd wird das Zeitkostüm entrollt, die Kleider, die schlanken Taillen, die eine Schöne von damals dem brutalen Schnürmieder – und dem Hungern verdankt, die langen Höschen, die unter den Röcken und Unterröcken mit Falbeln und Rüschen hervorsehen, der frohe Luxus der alten, fröhlichen Zeit, die Gartenfeste und Flirts – und dann das Elend, die Entbindung auf der Flucht, das Wandern, auf dem miserablen Karren mit dem verendenden und doch vorwärts gepeitschten Pferde, die Heimkehr auf die Heimstätte, die zur Brandstätte geworden ist, das mühselige Aufbauen. Das Ende des Krieges, ohne daß ein echter Frieden wiederbeginnt.

Und so wie den jahrelangen, bis aufs Blut alles aussaugenden Kämpfen zwischen den liberalen Nordstaaten, die die Sklaverei ausrotten wollen (um noch brutalere Arbeitsmethoden einzuführen, behauptet die Verfasserin), kein wirklicher Versöhnungspakt folgt, so ist auch dem Kampf der Geschlechter, des Rackers Scarlett mit ihren Männern, kein Frieden beschieden. Es wohnen zwei Seelen in dieser niedlichen Brust. Die eine ist weiblich im wahrsten Sinne des Wortes, mütterlich, mitleidig, werbend, behütend, die andere ist männlicher Natur, energisch, vorurteilslos bis zum Zynismus, immer nach heißen und sogar rohen Genüssen auf der Jagd. Sinnlichkeit, Alkohol, Machtbewußtsein. Hier ist keine Mütterlichkeit, kein Mitleid, kein warmes Herz, hier steht dem Mann nicht die überlegene Frau wie ein treuer Kamerad für Lebensdauer zur Seite, sondern sie selbst kämpft, wirbt, jagt und hetzt, bis sie den Atem verliert und zum Schluß des Buches so arm und leer ist wie am Anfang: aber alt geworden, entzaubert, verblüht. Der Wind des Lebens ist über sie hinweggegangen, wie es im Psalm 103 steht, und ihre Stätte kennet sie nicht mehr.

Welches ist aber die Stätte? Ist es der ruhige Ehehafen, das idyllische Dasein auf einem riesigen Gutshof, in der Mitte der Familie, des Vaters und der Kinder, Enkel und Anverwandten, der Diener, der Freunde und Vertrauten? Diese Welt ist für Scarlett durch den Krieg verwüstet. Durch den Krieg, der die besten Männer frißt, wird sie gezwungen, die Rolle des Familienoberhauptes zu übernehmen. Sie packt die Verantwortung auf den Rücken – wird kalt, raffiniert, geschäftstüchtig, roh und unbarmherzig – und rettet die Ihren. Aber auch ohne Krieg wäre es einer Scarlett, dieser wahren Evastochter, gegeben gewesen, glücklich zu werden. Mit der Herzseite zieht es sie zu einem hübschen, guten, klugen, feinen, aber viel zu zarten Mann, Ashley, und mit den glühenden Sinnen und dem kalten Kopfe zugleich zieht es sie zu einem wagemutigen zynischen (und im Grunde doch so sentimentalen) Freibeuter, Rhett genannt. Einer so bezaubernden kleinen Teufelin wie Scarlett widersteht niemand. So bekommt sie natürlich beide Männer, leider zu einer Zeit, wo sie sie nicht brauchen kann, und einen dritten dazu, den Verlobten ihrer Schwester, und noch viele andere. Und je mehr Männer diese Sirene gegen ihren Willen verlockt und je mehr sie den einen gegen den anderen ausspielt, je mehr sie diesen armen Narren auf dem Kopf herumtanzt, desto unglücklicher wird die widerspenstige Kreatur. Sie möchte doch zu gern einem Mann, der ihr wahrhaft imponiert, zu Füßen sitzen, möchte sich bei ihm verkriechen, ausweinen, ausküssen. Frieden sucht sie und nicht Kampf und Glut. Aber die Zeit ist in der Wende. Die alten Gesetze gelten nicht mehr. Die Frau muß, gegen ihren Willen, regieren, da der Mann sich an unsinniges Kriegsabenteuer vergeudet. Die Frau muß Aufgaben übernehmen, denen sie nie gewachsen sein wird. Hier muß sie zum Beispiel einmal das von den Männern verlassene Plantagenhaus schützen und kann es nicht anders, als daß sie einen marodierenden Soldaten ohne viel Federlesens zusammenschießt, die Leiche herausschleppt und irgendwo verscharrt. Kann das spurlos an einer Frau vorübergehen? Woran kann ein solcher Mensch noch glauben?

Nach allen Irrungen landet sie schließlich doch wieder bei Rhett. Sie bittet um Verzeihung. Aber nie war sie mehr allein als jetzt, wo sie zu einem anständigen, verständnisvollen, innigen Zusammenleben reif geworden ist. »Liebling«, sagt der Geliebte und dünkt sich noch groß dabei. »Du bist ein Kind, du meinst, wenn du sagst: Verzeih, dann seien die Wunden und Irrungen von Jahren geheilt und alles sei vergessen und gut ... Nimm mein Taschentuch, Scarlett, ich habe noch nie erlebt, daß du in irgendeiner schweren Stunde deines Lebens ein Taschentuch bei dir gehabt hättest.« Das ist eine unmännliche, ja mehr noch, es ist eine altjüngferliche Antwort. Der Freibeuter, der tapfere, blendend rücksichtslose Mann ist zur Tante geworden. Wie trüb endet dieses so strahlend begonnene Buch! Aber wie immer es sei, es bleibt eines der wichtigsten Dokumente unserer Zeit der Anarchie und des ewigen Sehnens nach Liebe und Frieden.

Franz Werfel, Der veruntreute Himmel

Franz Werfel setzt seinem neuen Roman »Der veruntreute Himmel« ein Wort des heute vielfach wieder zu Ehren kommenden Jean Paul voraus: »Es ist, als hätten die Menschen gar nicht den Mut, sich recht lebhaft als unsterblich zu denken.« Was nun in den über 400 Seiten des Buches mit allen Mitteln eines gewaltigen Erzählers und Seelendeuters dargestellt werden soll, ist die Geschichte eines Menschen, der diesen Mut hat, umrahmt von der Geschichte eines Dichters, der das Leben dieses Kämpfers oder vielmehr dieser Kämpferin um Unsterblichkeit beobachtet, mitleidend miterlebt und berichtend darstellt. Das Buch beginnt damit, daß der Dichter, der als Sommergast auf einem oberösterreichischen Schloß Grafenegg seine Ferien verlebt, einer vertrockneten Magd von bald siebzig Jahren begegnet. Er ist unruhig, auf der Suche nach Kraft und Gestaltungsmut; er hat ein unvollendetes, weil unvollendbares Manuskript im Schreibtisch. Auf dieser Suche schleicht er sich in die Mansarde der Köchin, er hat das unsinnige Gefühl, niemand anderer könne ihn sicherer vor dem (geistigen) Tode retten als sie, die alte Teta Linek mit ihren Vergißmeinnichtaugen und ihren breiten Backenknochen. An der Wand dieses Dienstbotenkämmerchens hängt unter dem Bilde eines Heiligen unter Glas und Rahmen die Fotografie ihres Neffen, eines jungen Geistlichen im Chorrock, der ein Brevier in Händen hält. Seine Augen blicken kurzsichtig, aber schwärmerisch in die Ferne, als hätten sie eben erst von einem erbaulichen Texte aufgesehen. »Ein schönes Bild haben Sie da hängen, Fräulein Teta!« Sie nickt mehrmals, während sie tief aufseufzt: »Ja, das Bild ist eine Pracht.« Damit ist der Dialog zu Ende, denn die Magd »wird bittlich«, wie es in einer ihrer stereotypen Wendungen heißt, der junge Dichter möge sich möglichst schnell aus ihrem Zimmer und aus ihren Geheimnissen herausscheren. Er tut das erste, verläßt ihren Lebensraum, aber nur, um ihrem Geheimnis um so leidenschaftlicher nachzujagen.

»Eines Sonntags, im Juli, die Herrschaft war glücklicherweise ausgegangen, erschien ein ländlich gekleidetes Weib bei ihr, das einen zehnjährigen Jungen an der Hand führte.« So unscheinbar und banal beginnt die Tragödie. Es ist der Neffe, an dem dieses Magddasein sich erlaben und an dem es sich verzehren sollte. – Fast genauso, wie sich bei Beethoven ein Geniedasein an einem ungeratenen Neffen zuerst in Süße erlaben und dann in Bitterkeit erschöpfen sollte. Aber bei Beethoven ist es so, daß sich das alternde Genie in seinem harten Götterhimmel nicht mehr »gemütlich« fühlt und am Lebensabend zu den Sterblichen hinabsteigt, zu seinem »Schlieferl« von Neffen, während sich die Magd schon media in vita ein Götterbild errichtet, zu dem sie hinaufsehen will und das sie mit ihrer Liebe, das heißt mit dem sauer erworbenen Spargroschen speist und kleidet und zum Geistlichen weiht. Dieser kleine Neffe mit den »eigentümlich verschwollenen Schlitzaugen« soll noch etwas mehr werden als der Herzensschatz. Er soll ihr Seelenführer, der Psychagog über den Hades werden. Natürlich tut er die Hand auf, wie es der Barkenführer in der griechischen Unterwelt tut. Aber er begnügt sich nicht mit einem Obolus. Er verlangt während dieser schönen dreißig Jahre alles, was die »gewiegteste aller Sparerinnen« zusammengrapschen kann. Aber dafür winkt der Opferseligen auch ein höherer Lohn. Dieser Seelenführer soll sie nicht nur vom Strand des Lebens in das Land des Jenseits überführen, sondern soll ihr daselbst gutes Quartier bereiten, soll sie, als Fürbitter vor Gott und den Heiligen, durch fleißiges Messelesen und inniges Gedenken vor den Qualen des Fegefeuers oder gar den Verdammungen einer unendlichen Hölle bewahren. Und wie sich sonst eine ältere Dienstperson in eine Altersversicherung einkauft, kauft sich diese Teta Linek für das Himmelreich ein und legt alles in einer Art Paradiesrente an. Hier auf Erden hat sie gedarbt und sich vom Stehen am Herde Krampfadern geholt. Im Himmel wird sie erster Klasse fahren und nur Doboschtorte essen. Was ist denn das irdische Glück? Ihre Herrschaft hier auf Erden, um ein Beispiel zu nehmen, ist reich, gesund, frei, glücklich auf Schloß Grafenegg, Mann, Frau, zwei blühende Kinder. Aber was richtet das Schicksal, unberechenbar und unfaßbar, stupid wie es ist, mit dieser glücklichen Familie an? Der lebenstrotzende Sohn des Hauses, »ich bin nämlich so furchtbar gern auf der Welt«, geht bei einer simplen Bergpartie durch einen blödsinnigen Zufall zugrunde, die Tochter erkrankt an Hirngrippe, wird gelähmt und bleibt ein elender Krüppel, der Herr des Hauses, ein bedeutender Diplomat und noch bedeutenderer Lebenskünstler, kommt unter Hitler ins Lager und wird gepeinigt bei Tag und Nacht, und die Frau des Hauses kann nichts tun als mit starrem Medeablick all den Jammer ansehen. So endet die *weltliche* Glückseligkeit, das irdische Paradies, Schloß Grafenegg.

Der Neffe tut seine Pflicht. Nicht etwa tut er seine Pflicht in besonders arbeitsamer und »geistlicher« Form im Gymnasium, wo er infolge unglücklicher Zufälle bei allen Prüfungen entweder durchfällt oder »gnadenweise« durchrutscht, aber er tut seine Pflicht im Seelen-Haushalt dieser Köchin mit ihrem Durst nach übersinnlicher, überirdischer Liebe, denn er füllt sie aus, er verlangt unaufhörlich, er braucht Geld und Güte, er braucht den Schatz der Magd, und dadurch weckt, hebt, mehrt er ihn: Er gibt ihr das, wonach sie sich am meisten sehnt, nämlich Hoffenkönnen – auf Briefe, auf Antworten warten; er läßt sie schon eine Art Himmelsfreude empfinden, wenn sie schenken und schenken darf. Schenken, harren, hoffen, aus der Küche in die Unendlichkeit sehen, in Himmel und Hölle, »sich recht lebhaft als unsterblich denken«. Aus einem armseligen Bauernlümmel einen Geistlichen, einen Stellvertreter Gottes auf Erden machen können, und das herrliche dreißig Jahre lang, wäre das zu teuer bezahlt mit noch so vielen Tausendern? Kann man denn solches Glück umsonst haben? Sie bezahlt gern dafür, daß sie ohne Reserve lieben, das heißt, daß sie sich ganz und gar opfern darf. Wie sollte sie nicht glücklich sein, wenn sie für einen so schönen, so reinen Gottesjüngling sorgen darf, Mutterstelle vertreten an ihm, Geliebtenstelle vertreten an ihm? Sie ist groß, fromm, mächtig und glücklich, weil sie ihm gibt und ihn durch das Geben beherrscht: »Mußte der Herrgott selbst ihr nicht dankbar sein? Nur durch ihre entbehrensvolle Treue wurde jetzt täglich in der Welt eine Messe mehr gelesen, eine Hand mehr spendete den Leib des Herrn aus. Sie, die Köchin Teta Linek, hatte somit die Dienerschar Christi vergrößert und somit das Heil der Welt vermehrt.« So schwillt das Gnadengeschenk der armen Magd ins Gewaltige, man sieht einen Charakter in meisterhaften Strichen gezeichnet, die grandiose Dimensionen erreichen: das reine Ideal mit seinem unreinen Schatten. Und an dieser Stelle erscheint der tragische Widersinn der Helden- und Heiligenverehrung, Carlyle zum Trotz! Wie erbärmlich ist doch so oft das, was den Menschen liebenden Herzens auf die Knie zwingt! Es ist ein erbärmlicher Gott, hier ist rechtes Köchinnenwerk, diese schmalzige Vergöttlichung eines rotznäsigen, schlauen und faulen, aufgeblähten Lümmels. Es ist ja alles eher als ein Geistlicher, für den sich die Magd, im Glauben, sich aufs ewige Leben zu pränumerieren, abgearbeitet hat: ein Betrüger, ein feistes, aufgeklärtes Weltkind, ein Faß ohne Boden, ein Bauernfänger, reich an Schlichen, nicht ganz arm an Humor, in allen Wassern der Sentimentalität gewaschen. Bei allem Zynismus und aller Raffgier ein vom Leben betrogenes Lümpchen. Kein Psychagog, sondern ein Demagog, ein Hochstapler Gottes. Wer könnte das nicht vom Anfang an erkennen, wie töricht müßte die Magd sein, wenn sie es nicht beim Lesen des ersten Bettelmeisterbriefes hätte durchschauen können! Aber sie will nicht durchschauen, sie genießt die Frucht ihrer Liebe, sie hat Angst vor der Wahrheit, sie verschließt die Augen, sie macht sich dümmer als sie ist. Ist sie die einzige? Ist sie nicht vielmehr das Urbild der Massenverdummung, der Prototyp für viele hundert Millionen »irregeführter« Teta Lineks, die den Despoten, den betrogenen Betrügern auf den blutenden Knien ihres Herzens knechtselig folgen, Götzen anbetend statt Götter? Dort aber, wo eine Teta Linek getreulich lieben dürfte, wo sie lieben müßte, wo sie ihre edle, vom Unglücksochsen zu Brei getretene Herrschaft bis ins Elend und die Emigration zu begleiten hätte, da löst sie sich kalt, sie nimmt ihre Siebensachen, schröpft die Herrschaft zu guter Letzt noch um ein paar Tausender und zieht von ihr fort, ihrem Götzen entgegen. Bisher ist ihr das Phantom dieses mythischen Neffen, dieses Bischofs in unbewohnten Bezirken, immer zur rechten Zeit aus den Händen geglitten, bloß ein paar langatmige blümerante Briefe und Postanweisungsabschnitte hinterlassend; aber eines Tages kommt es über die siebzigjährige Jungfrau, die seit fünfundfünfzig Jahren ihre Heimat, ihr kleines böhmisches Hostupec nicht gesehen hat, wo ihr Neffe, dank ihr, als Geistlicher wirken soll, sie gürtet ihre Lenden, humpelt hin auf geschwollenen Beinen, sie taucht dort auf, sie sieht im Garten der Pfarre einen prächtigen Diener Gottes, einen milden, frommen und – ihrer Hilfe als Köchin höchst bedürftigen Mann, der sie mit aller Freundlichkeit empfängt und den sie als

ihren Neffen anredet, selig, am Ziel der Wünsche, alle Hände voll Liebe, Banknoten und Koch-
künsten. Warum zerstört dieser getreue Gottesdiener ihren Traum? Er klärt sie auf. In stummer
Verzweiflung erhebt sie sich und wandert weiter, nach Prag, wo sie endlich dem entgötterten
Bilde entgegentritt. In Armut und Schlamperei, mit aller nötigen Kraft zum Schwindel, aber
ohne die Kraft zum Verbrechen, dem Bier und dem Bett ergeben, ein armseliger Schnorrer mit
nicht einmal schlechtem Willen, so klebt dieser Herzensneffe mit einer Konkubine zusammen,
Nachthausierer in Cafes mit Zeichnungen und Bildern, Gelegenheitsdichter, Lebenskrüppel,
der die Sterne deutet – falsch. Große Szene des Erkennens, von grauslichem Humor umwittert.
Die nackte Wahrheit, in die schlichtesten Worte gekleidet: »Der Himmel hat uns gegenseitig
füreinander bestimmt, das ist keine Frage«, bettelt der arme Haderlump, »ich bereite Ihren und
Sie bereiten meinen Weg.« Zum erstenmal sagt er die Wahrheit, zeigt sich, wie er ist. Aber
jetzt glaubt man ihm nicht.

Der Roman hätte sich von hier aus in großartiger Weise noch viel weiter führen lassen, wenn
Werfel die beiden »von Gott füreinander Bestimmten« bis zum Ende beisammengelassen hätte.
Sie der Don Quichotte und er der Sancho Pansa der himmlischen Wanderschaft, welch ein
Thema voll »grauslichem« Humor! Leider hat Werfel es vorgezogen, den Haderlumpen nach
der letzten Blamage weinend von der Bühne abtreten zu lassen, um diesen religiösen Nihili-
sten vom Blute des braven Soldaten Schwejk auszutauschen gegen einen echten Heiligen, einen
edlen, klugen und von Herzen liebenden Kaplan Seydel, der die törichte Magd bei einer Pil-
gerfahrt zum Papste Pius in Rom begleitet ... Was jetzt kommt, ist sehr schön, »ecce sacerdos«,
Wirken des echten Priesters im Zeitalter der Apokalypse. Aber das hat mit den ersten Teilen des
Romanes nichts mehr zu tun. An dem Papst zu zeigen, daß selbst solch ein göttlicher Mensch
an einem »vergoldeten Rasierapparat, mit dem er sich nicht auskennt und der ihm die Kraft
eines ganzen Tages fortnimmt«, seinen Tribut an das Irdische, allzu Irdische zu bezahlen hat –
was sagt das? Es ist aktuell, gut fotografiert, mag wirklich vorgekommen sein, aber es läßt
kalt, ebenso wie das gottselige Ende der armseligen Kreatur Teta Linek, die den von ihr selbst
geschaffenen Mythus Mojmir nie hätte überleben dürfen. All dieser Pomp in der Peterskirche
trägt nichts Wesentliches bei zum Bilde dieser Magd, die »den Mut hatte, sich recht lebhaft
als unsterblich zu denken«. Und, ich will es offen gestehen, ich sehe in diesem Mut einer Teta
Linek nur Übermut. Man gebe den Lebenden ihre Liebe, den Irdischen die Erde und lasse den
Himmel für sich selbst bezahlen. Man mache keine Assekuranz-Geschäfte mit Mythen. Man
vertraue seinen Hang zum Edlen und Idealen keinem niederträchtigen Haderlumpen an, man
verleite ihn nicht zu Gemeinheiten, und am allerwenigsten beklage man sich nach der Katastrophe über einen veruntreuten Himmel. Ist es ein Himmel, dann wird er sich schon nicht
veruntreuen lassen.